HOME STAGING

WIE MAN MENSCHEN IN IMMOBILIEN VERLIEBT

Ein Praxishandbuch für Verkäufer von Immobilien

Barb Schwarz, der Erfinderin von Home Staging gewidmet
und allen, die in ihrem Sinne Home Staging anwenden.

IRIS HOUGHTON TINA HUMBURG WIEBKE RIECK

HOME STAGING

WIE MAN MENSCHEN IN IMMOBILIEN VERLIEBT

Ein Praxishandbuch für Verkäufer von Immobilien

BLOTTNER VERLAG

INHALTSVERZEICHNIS

3 DREI VERSCHIEDENE IMMOBILIENTYPEN

4 PRAXISBEISPIELE

5 DIE WICHTIGSTEN RÄUME: HOME STAGING ZIMMER FÜR ZIMMER

6 BEI DEN EXPERTEN NACHGEFRAGT

7 DAS SERVICE-KAPITEL

VORWORT

WAS MODE, AUTOS, EINRICHTUNG UND IMMOBILIEN GEMEINSAM HABEN

Alle haben einen hohen sozialen Wert und für solche Produkte gilt: Beim Kauf spielen Emotionen eine wichtige Rolle!

Kein Mensch verkauft seinen Gebrauchtwagen ungewaschen und voll mit persönlichen Dingen und eventuell noch mit dem Altpapier der letzten Wochen im Kofferraum. Auch Kekskrümel und Hundehaare werden entfernt. Und Ledergeruch aufgesprüht.

Jeder Autoverkäufer weiß, dass sein Auto dann bessere Chancen auf dem Gebrauchtwagenmarkt hat, wenn es möglichst neuwertig aussieht. Warum das so ist? Der Käufer eines Gebrauchtwagens erwirbt ein für ihn neues Auto und es sollte deshalb möglichst auch diesen Eindruck machen. Schließlich will er auch auf dieses Auto stolz sein – obwohl es „nur" ein gebrauchtes ist.

Kein Einrichtungs- bzw. Möbelhaus scheut die Mühe, Musterzimmer zu gestalten und die Kunden damit zu inspirieren. Ansprechend und gekonnt dekorierte Schaufenster wecken Sehnsüchte nach geschmackvollem Wohnen oder gutem Aussehen. Keiner fühlt sich übrigens getäuscht weil alle Schaufensterpuppen Größe 34 tragen. Ist ja auch klar, dass man mit Größe 40 anders aussieht, aber darum geht es gar nicht. Wir wollen halt einfach verführt werden!

Könnte das nicht beim Produkt „Immobilie" genauso sein? Wieso müssen Immobiliensuchende – im Fall von unbewohnten Immobilien – kahle, unrenovierte und schlecht beleuchtete Räume oder – im Fall von noch bewohnten Immobilien – mit Schuhen zugestellte Flure, hochgeklappte Toiletten-Deckel, ungemachte Betten und die „persönlichen Vorlieben" der Vorbesitzer in Kauf nehmen? Dafür gibt es doch wirklich keinen Grund, denn die in solchen Fällen erforderliche „Fantasie" haben die wenigsten Kaufinteressenten – und werden nicht zu Käufern.

Vor dem Hintergrund, welcher Aufwand in anderen Lebensbereichen betrieben wird, um Konsumenten für einen Kauf in Stimmung zu bringen, treten wir als Home Staging Professionals dafür ein, dass Kaufinteressenten von Immobilien mindestens das Gleiche bekommen wie die Käufer anderer Dinge.
Klingt das auch für Sie schlüssig? Dann haben Sie das richtige Buch in der Hand. Sie werden zahlreiche Tipps und Anregungen finden, die Sie selbst umsetzen können. Vielleicht merken Sie schon beim Lesen, wie viel Spaß es machen würde, Ihr jetziges Zuhause in das Produkt „Haus bzw. Wohnung" zu verwandeln, das möglichst viele Kaufinteressenten begeistert.
Wir lieben die Magie, die Home Staging besitzt – und unsere Kunden auch, besonders wenn sie anschließend mit Stolz ihre Immobilie zeigen und Kaufinteressenten verzaubern!

Wir wünschen Ihnen genau diesen Spaß und gutes Gelingen bei Ihren eigenen Home Staging Projekten!

Ihre
Iris Houghton, Tina Humburg und Wiebke Rieck

ERST LESEN...

GEBRAUCHSANWEISUNG FÜR DIESES BUCH:

Dieses Buch ist für alle, die selbst etwas dazu beitragen wollen, dass sich ihr Haus oder ihre Wohnung einfach und profitabel verkauft. Und es ist ganz besonders für die Hausverkäufer, die dabei auch noch jede Menge Spaß haben wollen!

WIE ES IHNEN GEFÄLLT

Ist es nötig, diesen Ratgeber Seite für Seite zu studieren? Nein, absolut nicht! Dieses Buch ist wie eine reichhaltig bestückte Kuchentheke mit den unterschiedlichsten Sorten: Probieren Sie gerne alle oder wählen Sie nur einige Stücke aus. Sie können nichts falsch machen, sondern nur gewinnen. So oder so. Denn der Stolz, mit dem Sie am Ende Ihr gestagtes Haus zeigen oder einem Makler übergeben, wird ansteckend sein. Ansteckend erfolgreich!

SIE WOLLEN LIEBER EINE EMPFEHLUNG WIE WIR ES NUTZEN WÜRDEN?

Gerne: Lesen Sie Kapitel 2 (ab Seite 25) und 5 (ab Seite 127) komplett und springen Sie anschließend zu den Themen, die Sie für Ihren geplanten oder bereits gestarteten Immobilienverkauf brauchen.

LEERE, BEWOHNTE ODER GEERBTE IMMOBILIE?

Egal, welche Sorte Immobilie Sie zu verkaufen haben, unsere Tipps gelten für alle drei Ausgangssituationen. Sie werden Beispiele zu allen Fällen finden und auch, wenn sich Tipps scheinbar nur auf z. B. bewohnte Immobilien beziehen, so lassen sie sich doch leicht auf die anderen Fälle übertragen.

FÜR EILIGE

Sie haben wenig Zeit? Dann freuen Sie sich: Am Ende jedes Kapitels sind die wichtigsten Infos (markiert mit einem ▶) auf einen Blick zusammengefasst. Blättern Sie sich durch den Fototeil – sowohl bei den Beispielen in Kapitel 3 (ab Seite 86) als auch bei den Schlüsselzimmern in Kapitel 5 (ab Seite 127).

FÜR KOSTENBEWUSSTE

Das Budget ist sehr wichtig für Sie? Freuen Sie sich! Sie finden im gesamten Buch sowie bei den Praxisbeispielen in Kapitel 4 (ab Seite 107) jede Menge Verkaufstipps die schnell umzusetzen sind und die nichts oder nur sehr wenig kosten.

SCHON FERTIG VORBEREITET ...

... sind Checklisten für Ihr ganz persönliches Home Staging-Projekt. Damit Ihnen die Umsetzung unserer zahlreichen Tipps noch leichter fällt.

MIT MAKLER ODER OHNE?

Egal, für welchen Weg Sie sich entscheiden Ihre Immobilie zu verkaufen: Home Staging ist unabhängig davon immer gleich wichtig. Das werden Sie im gesamten Buch immer wieder feststellen.

... DANN VERKAUFEN!

1 WAS IST HOME STAGING?

Erst einmal eine Definition vorneweg: Home Staging ist die optimale Präsentation einer Immobilie für den Verkauf.

Es gehört damit zu den sogenannten verkaufsfördernden Maßnahmen (Visual Merchandising), wie sie auch in Form von Schaufensterdekoration, Ladendesign und Musterzimmereinrichtung für andere Produkte genutzt werden. Das heißt, es ist eine dem eigentlichen Verkauf vorgeschaltete Stufe, die den Zweck hat, Kaufinteressenten in die bestmögliche Stimmung für eine Kaufentscheidung zu versetzen.

WIESO DIESER ENGLISCHE BEGRIFF?

Die US-amerikanische Maklerin Barb Schwarz hat 1972 das erste Mal eines ihrer Objekte vor dem Verkauf aufbereitet, weil sie das Gefühl hatte, dass die Art wie eine Immobilie für den Verkauf gezeigt wird, den Verkaufsablauf wesentlich beeinflussen würde. Der Erfolg gab ihr recht, so dass sie die Idee weiterverfolgte. Ihr fiel für ihr Tun als Parallele die Arbeit der Kulissenbauer im Theater ein: So wie ein Theaterstück ohne das passende Bühnenbild bei weitem nicht so stark wirken würde, so wirkt eine Immobilie nur zum Teil, wenn die entsprechende Präsentation fehlt. Der Name sagt also was es macht: Home (Heim, Zuhause) Staging (auf der Bühne): ein Heim auf die Verkaufsbühne stellen!

Wir verwenden den englischen Begriff übrigens konsequent im ganzen Buch. Dazu kommen Formulierungen wie „das gestagete Haus" oder „vor dem Stagen sollten Sie …". Natürlich könnten wir diese englischen Begriffe übersetzen. Wir haben uns auch bemüht es zu tun. Doch das wurde dann sehr umständliches Deutsch und klang kein Stück besser.
Darum bleiben wir beim Originalbegriff: Home Staging – das trifft es einfach perfekt. Sie werden sich schnell daran gewöhnen, versprochen!

WARUM ES AUCH FÜR SIE ETWAS IST?

Am Anfang steht der Verkaufswunsch. Ihre jetzige Immobilie ist Ihnen zu klein oder zu groß geworden, Sie werden versetzt oder Sie haben eine Immobilie geerbt: Die Gründe für einen Verkauf sind persönlich und vielfältig. Eines haben jedoch alle Fälle gemeinsam: das Umsetzen der neuen Lebensträume steht und fällt meistens mit dem Verkauf! Es steckt viel Geld drin, außerdem werden kein Haus und keine Wohnung besser, wenn sie leer stehen.

Das war schon immer so, stimmt.

Und dass der Verkauf einer Immobilie ein umfangreicher Prozess mit vielen ineinander greifenden Schritten ist, bei dem es für Sie als Verkäufer viel zu bedenken und entscheiden gibt, auch. Eines ist jedoch seit einiger Zeit anders: Eine Vermarktung ohne Fotos ist so gut wie aussichtslos.

Der größte Teil der Kaufinteressenten hat heutzutage einfach zu wenig Zeit, um „blind" zu Besichtigungen zu gehen. Fast alle Suchenden beginnen deshalb im Internet. Die wichtigsten Daten wie Lage, Quadratmeter, Zimmeranzahl, werden als Bedingung eingegeben und schon zeigt die Ergebnisliste 20, 30, ja manchmal 100 oder mehr Angebote.

Um da das Interesse eines Käufers zu wecken und vor allem um zu verhindern, dass er über Ihre Immobilie wegklickt, muss er auf den ersten Blick etwas sehen, das ihm gefällt. Das sind zunächst aussagekräftige Fotos. Immer häufiger finden sich aber auch z. B. Wohnclips oder 3D-Rundgänge. Die Käufer haben es leicht schon zuhause vorzusortieren. Sie entscheiden dann, ob sie sich die Mühe machen und mehr sehen wollen (siehe auch Kapitel 6, ab Seite 171: Interview mit Antje Reich, Vertriebsleiterin bei Immobilienscout24).

Wie ein Kaufinteressent Ihre Immobilie das erste Mal visuell erlebt ist also entscheidend dafür, ob es überhaupt zu einem weitergehenden Interesse an Ihrer Immobilie bzw. einem Besichtigungswunsch kommt. Damit hat das Internet den Verkauf von Immobilien grundlegend verändert.

Wenn das Visuelle nicht erst bei der Besichtigung so wichtig ist, sondern schon um überhaupt erst einmal Interessenten zu bekommen, dann ist die Konsequenz daraus, dass eine optimale Präsentation den Verkauf von Anfang an wesentlich beeinflusst, ja sogar darüber entscheidet, ob er überhaupt in Gang kommt.

WAS ALLES GEHÖRT ZUM THEMA IMMOBILIENPRÄSENTATION?

Eine Immobilienpräsentation beginnt mit Fotos und deren Veröffentlichung im Internet. Häufig werden die gleichen Fotos weiterverwendet und für andere Formen, wie z. B. für 3D-Rundgänge, Wohnclips oder Exposés, eingesetzt.

Und für die Besichtigung? Da spielt die Art der Präsentation sowieso eine wichtige Rolle. Logisch – denn nach den im Internet geschaffenen Erwartungen darf die Immobilie „live" nicht enttäuschen.

Zusammengefasst: Home Staging ist die Voraussetzung für alle Präsentationsformen von Immobilien und deshalb sollte kein Verkäufer darauf verzichten. Home Staging ist die Basis für Ihr Erfolgsrezept.

WAS HOME STAGING LEISTEN KANN...

Wie gerade beschrieben steigt die Bereitschaft eine Immobilie besichtigen zu wollen mit der Art der Präsentation. Was ist aber, wenn Sie es geschafft haben, dass eine Besichtigung gewünscht wird und die Interessenten nun gespannt durch die Tür treten? Dann ist es absolut notwendig, dass Käufer nicht enttäuscht werden. Im Gegenteil: die Stunde der Wahrheit ist sozusagen gekommen, denn zwei von drei Kaufentscheidungen werden vor Ort getroffen, also in der Immobilie!

Mit Home Staging können Kaufinteressenten erleben, wie sich eine Immobilie anfühlt und das Ergebnis dieses Praxistests ist kaufentscheidend. Home Staging verwandelt Räume in ein Gefühl, genauer gesagt in das „Wie für mich gemacht"-Gefühl, weil es die Möglichkeiten zeigt, wie darin gelebt werden kann.

Umfragen haben ergeben, dass eine Immobilie 87% der Frauen und 77% der Männer auf den ersten Blick und aus dem Bauch heraus gefallen muss, bevor sie überhaupt in die engere Wahl kommt. Home Staging trifft den Bauch, damit sich in den Köpfen etwas bewegt – und ist damit eine entscheidende Voraussetzung, dass aus Kaufinteressenten Käufer werden.

... UND WAS NICHT

Ganz einfach: Zaubern!
Z. B. beim Preis: Ihre Immobilie wird nicht mehr wert sein nur weil sie besser aussieht. Wir Home Staging Profis treffen manchmal auf Verkäufer die trotz Gutachten und/oder mehreren Aussagen von Experten davon überzeugt sind, dass ihr Haus oder ihre Wohnung einen wesentlich höheren Preis verdient hat. Unsere Erfahrungen zeigen: Durch Home Staging kann der bestmögliche realistische Preis erzielt werden. Damit meinen wir das obere Ende der sogenannten Preisspanne. Was nicht erreicht werden kann sind Preise, die erheblich darüber liegen, sogenannte „Mondpreise".

Jede Immobilie hat Schwachstellen bis hin zu echtem Reparatur- bzw. Renovierungsbedarf. Genauso wenig wie Sie Schwachstellen „wegreden" sollten, falls sie bestehen, kann Home Staging diese verschwinden lassen. Um es ganz klar auszudrücken: Kein professioneller Home Stager mit Berufsehre und -etikette wird Schwachstellen einer Immobilie verstecken oder gar überdecken. Das ist nicht der Sinn von Home Staging. Home Staging zeigt die Möglichkeiten und das volle Potential einer Immobilie.

Gibt es noch etwas das Home Staging nicht kann? Es macht nicht alle anderen begleitenden Werbemaßnahmen überflüssig. Wenn niemand Ihre noch so optimal gestagte Immobilie sieht, ist Home Staging nicht effektiv. Das schönste Schaufenster nützt nichts, wenn keiner von der Existenz des Geschäfts weiß. Überlegen Sie, wie viele Anzeigen oder Zeitungsbeilagen Sie auf die Angebote von Kaufhäusern aufmerksam machen. Gäbe es die nicht, würden Sie vielleicht gar nicht daran denken, dort mal wieder reinzuschauen. Home Staging kann nicht sein ganzes Potential entfalten, wenn nicht genug Menschen von Ihren Verkaufsabsichten wissen.

Und zum Schluss: Im Mittelpunkt steht immer der Mensch. Home Staging kann Kaufinteressenten in die richtige Stimmung versetzen, aber es ersetzt das Verkaufsgespräch nicht.

GIBT ES SONST NOCH GRÜNDE WARUM OPTIMALES HOME STAGING NICHT FUNKTIONIEREN KÖNNTE?

Ja, und zwar immer dann wenn Gründe den Verkauf beeinflussen die nichts mit der eigentlichen Präsentation zu tun haben. Bodenverunreinigungen zählen zu solchen Gründen, eine viel befahrene Strasse oder auch ein sozialer Brennpunkt in der unmittelbaren Umgebung vor dem Gartenzaun, genauso wie ein Rockerclub neben einem Einfamilienhaus für junge Familien etc. Auch der Verkauf von sanierungsbedürftigen Gebäuden wird durch Home Staging nicht positiv beeinflusst. Hier regelt sich ein Verkauf häufig nur über den Preis.

GARANTIE?

Statistiken aus England, den USA oder Schweden (Länder, in denen Home Staging schon lange praktiziert wird) bestätigen die Erfolge. Eine aktuelle Studie, in der 1.000 kanadische und US-Immobilien erfasst wurden, zeigt:

- Mit Home Staging sind 94% der Häuser in weniger als sechs Wochen verkauft.
- Mit Home Staging liegt der Verkaufspreis in den USA 15% höher, in Europa 10% höher als bei Immobilien, die nicht für den Verkauf aufbereitet wurden.

Erste Zahlen hier in Deutschland bestätigen die Studie: die Verkaufszeit verkürzt sich durchschnittlich mindestens um die Hälfte und beim Preis wird das obere Ende – der bestmögliche realistische Verkaufspreis – erzielt. Egal wie der Markt gerade ist.

Verschiedene Kunden von uns boten ihre Immobilien aus den unterschiedlichsten Gründen erfolglos an. Nach einem Staging hat es oft nur Tage gedauert bis diese zu einem guten Preis einen neuen Besitzer hatten. Interesse bekommen? Lesen Sie weiter und vor allem: Probieren Sie es aus!

Noch nicht überzeugt? Lesen Sie die Interviews mit unseren Experten in Kapitel 6 (ab Seite 167). Sie werden Ihre Meinung ändern.

WIE WIR ZUM HOME STAGING KAMEN

Wir drei Autorinnen waren zu unterschiedlichen Zeitpunkten auf der Suche nach einem neuen Zuhause – lange, bevor sich unsere Wege gekreuzt haben. Als wir uns dann später rückblickend darüber ausgetauscht haben, stellten wir erstaunliche Gemeinsamkeiten fest.

Etwa die Situation, dass ein euphorischer Makler anrief: „Ich habe die perfekte Immobilie für Sie. Am besten Sie kommen sofort – sonst ist sie weg!" Es folgte eine aufgeregter Rapport beim Ehemann, die Arbeit wurde liegen gelassen, die Kinder zur Oma gebracht und los ging es voller Hoffnung und Erwartungen, gleich das perfekte neue Zuhause kennenzulernen.

Der Weg war – Sie ahnen es vielleicht schon – vielfach umsonst, denn meistens war bereits an der Bordsteinkante, spätestens jedoch im Flur klar: Das ist es nicht! Was folgte, waren Frust und Selbstzweifel: Und dafür jetzt der ganze Aufwand? Mal wieder verschwendete Zeit! Habe ich mich vielleicht nicht richtig ausgedrückt? Warum denkt der Makler, dies könnte meine Traumimmobilie sein? Liegt es an uns? Werden wir jemals unser neues Zuhause finden?

Doch jede von uns erlebte auch das: Wir fühlten uns auf Anhieb richtig wohl, obwohl durchaus einige unserer „das-muss-sein-Punkte" nicht erfüllt wurden. Das war übrigens auch in den Immobilien der Fall, die jeweils zu unserem späteren Zuhause wurden.

Was war da passiert? Auch hier wieder deckungsgleiche Erfahrungen: Wir hatten bei diesen Terminen erstmals nicht das Gefühl völlig umsonst gekommen zu sein. Und: Wir fühlten uns als Kaufinteressenten ernst genommen und wertgeschätzt.

So richtig erklären konnten wir uns die Sache nicht. Eigentlich fast banal: Diese Immobilien waren einfach „schön", haben das „Wow"-Gefühl ausgelöst. Wir überlegten weiter: Woran lag das? Glück oder Zufall? Als wir unsere Erfahrungen verglichen, kam heraus: Wir mussten weder durch kahle, noch durch zugestellte Räume laufen, uns nicht durch dunkle oder unaufgeräumte Zimmer quälen. Es lag also daran, dass wir direkt das Potential für uns erkennen und gedanklich selbst einziehen konnten. Damals hätten wir uns gewünscht, bei anderen Besichtigungen wäre es genauso gewesen. Das hätte uns viel Zeit und Nerven gespart.

Sie denken vielleicht: „Na ja, das hört sich alles ein bisschen übertrieben an..." , aber uns ließ der Gedanke nicht mehr los. Und so ist jede von uns auf Home Staging gestoßen und hat es vor lauter Begeisterung zum Beruf gemacht!

HÄUFIG GESTELLTE FRAGEN ZU HOME STAGING – IM GESPRÄCH MIT DEN EXPERTEN IRIS HOUGHTON, TINA HUMBURG UND WIEBKE RIECK

Bisher haben sich Immobilien in Deutschland doch auch ohne Home Staging verkauft. Wieso brauchen wir das jetzt?

Iris Houghton: Genutzt hätte es schon immer. Dadurch, dass wir heute vorrangig erst einmal Immobilien im Internet suchen, ist der erste Eindruck viel wichtiger geworden. Der Daumen geht schneller runter, wenn nicht sofort Interesse besteht. Ohne dass sofort die Lust auf eine Besichtigung geweckt wird kommt überhaupt niemand. Das liegt auch daran, dass die meisten Käufer einfach weniger Zeit haben. Sie wollen ihre Traumimmobilie nach wenigen Besichtigungen gefunden haben – und die wollen sie sehen und sich nicht vorstellen müssen.

Ist Home Staging das Gleiche wie Innenarchitektur?

Wiebke Rieck: Ganz klar: Nein! Das sind zwei völlig unterschiedliche Arbeitsweisen und Ziele. Denn bei der Innenarchitektur geht es nicht um den bestmöglichen Verkauf einer Immobilie und deshalb nicht darum, möglichst viele Interessenten zu überzeugen, sondern ausschließlich, dass sich ein Auftraggeber ganz individuell in seinem Wohnumfeld wiederfinden will.

Warum wird beim Home Staging ein leer stehendes Haus möbliert?

Tina Humburg: Weil die Wahrnehmung die Kaufdynamik bestimmt. Wenn alles leer ist, weiß ich nicht woran ich mich orientieren soll. Da fällt mir die Entscheidung nicht leicht, weshalb ich sie zunächst einmal hinauszögere oder gleich gar nicht treffe. Bei der Besichtigung einer leeren Immobilie ist das persönliche Empfinden zudem meist kein positives: zu kalt, zu dunkel, zu muffig. Auch nicht gerade hilfreich für die Entscheidungsfindung. Ganz anders ist die Situation, wenn ein Home Staging durchgeführt wurde: Es gibt etwas anzufassen, man kann sich sogar hinsetzen, es riecht angenehm und die Temperatur stimmt. Alles präsentiert sich hell und freundlich, das führt zur Verbesserung des „sich wohlfühlen" der Kauf-Interessenten. Die Entscheidung fällt leichter. Fachleute sprechen in diesem Zusammenhang davon, dass der Belohnungswert größer ist als der Preisschmerz. Dieser Effekt ist übrigens nicht bewusstseinsfähig, weshalb sich der Mythos von der rationalen Entscheidung hartnäckig hält.

Iris Houghton: Jeder weiß aus eigener Erfahrung: Kommt man in ein leeres Zimmer, schätzt man die Größe völlig falsch ein. Hinterher wundert man sich, was in den klein wirkenden Raum alles hineinpasst. Es fällt einfach schwer, sich in einem Zimmer etwas anderes vorzustellen als das, was man sieht. Aus diesem Grund ist eine der wichtigsten Arbeiten des Home Staging, ein leeres Haus mit Möbeln zu bestücken.

Ist denn nur die Größe eines Hauses kaufentscheidend?

Tina Humburg: Nein, im Gegenteil! Die Größe ist eine von vielen Bedingungen, die sich Interessenten im Vorfeld wünschen. Die Kaufentscheidung trifft aber der „Bauch" anhand von ganz anderen Kriterien. Die aktuelle Hirnforschung weist anhand von Gehirnscans im MRT nach, dass erinnerte Gefühle im Zusammenhang mit der aktuellen Situation zu Kauf oder Ablehnung führen. Die Sinne sind dabei der Filter: Wenn etwas nicht gut aussieht (z. B. Unordnung), sich nicht gut anfühlt (z. B. mit zu großen Möbeln vollgestellte Räume), kann das Haus so groß sein wie es will, es wird nicht gekauft.

Tische, Sofas, Betten, Stehlampen, Spiegel – was sollte in einem gestageten Haus sein?

Iris Houghton: Viel weniger als die meisten denken. Die Möbel, die ich in leere Häuser stelle, sind immer reduziert. Sie zeigen die Nutzung des Raumes und geben, wie gesagt, ein Gefühl für die Zimmergröße. Ansonsten ist aber das Credo des Home Staging: Weniger ist mehr! Überall darf nur 80% stehen bleiben, gerade in noch bewohnten Immobilien. Also: In jedem Regal, in jeder Schrankwand muss immer auch Fläche leer bleiben. Das lässt die Räume „aufatmen" und großzügiger wirken. Auch auf Schränken und unter Betten darf nichts stehen. Genauso habe ich übrigens bei meinem ersten Immobilienverkauf mit Home Staging angefangen und war selbst verblüfft, wie anders und schöner die Zimmer allein durch dieses Ausdünnen wirkten.

Kritiker von Home Staging sagen, Käufer würden getäuscht, wenn eine Immobilie für den besseren Verkauf „aufgehübscht" wird. Wie sehen Sie das?

Tina Humburg: Ich stimme zu, wenn wir festhalten, dass wir alle in Mode-, Auto- oder Einrichtungshäusern getäuscht werden. Mal ehrlich, wir alle fühlen uns rein atmosphärisch im Modehaus wohler als im Baumarkt. Das ist einfach so, deshalb wird Mode nicht in Metallregalen, auf Paletten liegend, in Plastik eingeschweißt und bei Neonbeleuchtung verkauft. Und für manche Produkte, mehr als für andere, bestimmt eben das Wohlgefühl über das Einkaufserlebnis. Bei Schrauben und Nägeln ist das weniger der Fall, beim neuen Zuhause gibt es aber auch den Ausschlag. Wir wissen übrigens von vielen Käufern, dass sie geradezu dankbar waren, ein gestagtes

Haus vorzufinden. Denn es hat ihnen die Entscheidung ganz leicht gemacht („Wie für uns gemacht!") und sie waren sich ganz sicher, dass dieses Haus sein Geld wert ist.

Wenn Home Staging so gut funktioniert, warum ist es in Deutschland noch so wenig verbreitet?

Tina Humburg: Ich denke, das liegt an einem Mythos der besagt, dass Immobilien anhand technischer Daten gekauft werden, weil diese ja auch ihren Wert bestimmen. Bei Autos ist das genauso, aber hier haben die Hersteller viel früher erkannt, dass bei Produkten, die außerdem einen sozialen Wert besitzen – Autos, Mode – die Emotionen kaufentscheidend sind. Weil das Wissen dazu bei Immobilienverkäufern hierzulande bislang eher weniger präsent ist, werden Käufer von Immobilien noch nicht wie Konsumenten von Möbeln, Mode oder Autos bei der Entscheidungsfindung entsprechend unterstützt. Je mehr aber das Bewusstsein für den Einfluss der Sinne auf Kaufentscheidungen, auch beim Produkt „Immobilie", wächst, desto mehr Immobilien-Verkäufer werden ihre Bemühungen für einen erfolgreichen Verkauf in diesem Bereich anpassen.

Wiebke Rieck: Ich finde, dass es so auch nicht mehr stimmt, denn meiner Meinung nach wird Home Staging – man kann fast sagen von Tag zu Tag – immer beliebter. Ganz klar ist festzuhalten, dass dort, wo am meisten Home Staging angeboten wird, auch bei Verkäufern die größte Nachfrage nach Home Staging besteht und umgekehrt.

Was sagen denn Makler zu Home Staging? Empfinden sie Home Stager als Konkurrenz?

Iris Houghton: Nein, überhaupt nicht, denn es hilft jedem Verkäufer, egal ob er einen privaten oder gewerblichen Hintergrund hat. Die meisten meiner Makler-Partner überzeugen inzwischen ihre Kunden, dass sich die Investition in Home Staging lohnt. Immerhin kostet ein Home Staging nur zwischen 1% bis 3% des Verkaufspreises – wenn man es selbst macht noch weniger. Diese Investition lohnt sich eigentlich immer, denn man bekommt das Geld durch kürzere Verkaufszeiten, d. h. weniger Nebenkosten und die Vermeidung von Preisreduktionen zurück. Toll ist aber auch die Reaktion von Maklern, wenn man sie erst dann hinzuzieht, wenn man das Haus durch Home Staging vorbereitet hat. Der Profi-Verkäufer erkennt nämlich sofort, wie viel leichter und besser er solch ein Schmuckstück verkaufen kann, davon ist er selbst begeistert. Das überträgt sich dann auf seine Gesprächsführung und seine Überzeugungskraft und das spüren die Käufer.

Wie merkt man, dass man richtig gestaget hat?

Iris Houghton: Am Wohlfühl-Effekt, das ist ganz klar. Man hat richtig gestaget, wenn wirklich jeder gerne durch das Haus geht. Die Käufer haben dabei nicht mehr das Gefühl, sie gehen durch ein fremdes oder altes oder gebrauchtes Haus. Sie merken einfach nur von der ersten Sekunde an, dass sie sich hier wohlfühlen. Und wo man sich wohlfühlt, da kann man sich vorstellen selbst zu Hause zu sein. Deshalb sollte man den Kaufinteressenten bei jeder Besichtigung gut zusehen und zuhören. Gibt es irgendwo negative Reaktionen? Man nutzt diese Rückmeldung als Chance, in dem entsprechenden Raum noch etwas zu verändern. Beim nächsten Mal stimmt dann auch dieses Detail.

Was macht ein Home Stager, wenn er zum ersten Mal ein zu verkaufendes Haus anschaut?

Wiebke Rieck: Ich schaue ganz genau hin und zwar mit den kritischen Augen eines potenziellen Käufers. Ich finde heraus: Welche Zimmer sind besonders schön? Was sind die Vorteile der Wohnung oder des Hauses? Und dann arbeite ich daran, diese Schokoladenseiten für die Kaufinteressenten sichtbar zu machen. Das gilt für bewohnte Immobilien genauso wie für leer stehende.

Gibt es beim Home Staging Moden und Trends in Sachen Einrichtung und Farben?

Wiebke Rieck: Ja, auf jeden Fall. Gerade wenn man am unvergesslichen „Wow-Effekt" für das Haus oder für die Wohnung arbeitet, muss man den geschmacklichen Trend der Zeit beachten. Allerdings darf man die Trendsetter bei Möbeln, Bildern oder Farben nur gezielt einsetzen. Es gibt ja immer Leute, die ihren ganz eigenen Geschmack bevorzugen und auch die sollen sich in der Immobilie wiederfinden. Bei Home Staging wollen wir immer die möglichst breiteste Gruppe von Käufern ansprechen.

Wenn Sie nur einen Satz zur Verfügung haben, wie bringen Sie die Vorteile des Home Staging auf den Punkt?

Tina Humburg: Wenn man auf der Suche nach dem neuen Zuhause ist, will man sich darin verlieben. Home Staging kreiert den „Wow-Effekt" und nimmt den Käufern die Angst vor dem Preis. Home Staging bereitet eine Immobilie so optimal für den Verkauf vor, dass sich Haus oder Wohnung zum realistischen Höchstpreis in kurzer Zeit verkauft und zwar sowohl für Käufer und Verkäufer mit einem richtig guten Gefühl!

AUF EINEN BLICK:

WAS HOME STAGING LEISTEN KANN!

Home Staging zeigt Käufern auf den ersten Blick wie sie in ihrem zukünftigen Zuhause leben könnten.

Home Staging schafft in Immobilien Wohlfühl-Atmosphäre.

Home Staging rückt die Vorzüge jeder Immobilie ins beste Licht.

Home Staging macht aus Besichtigungen wahre Erlebnisse für alle Sinne und bringt dadurch Interessenten in Kaufstimmung.

Home Staging gibt Käufern Sicherheit in ihrer Kaufentscheidung und nimmt die Angst vor dem Kaufpreis.

Home Staging erspart unnötige Besichtigungen – und das für alle Beteiligten: Verkäufer und Käufer.

Home Staging verkürzt die Verkaufszeiten.

Home Staging bereitet den Umzug vor.

Home Staging ist die Voraussetzung für Fotos, die Aufmerksamkeit schaffen.

Home Staging ist die Voraussetzung für jede Immobilienvermarktungsform: vom gedruckten Exposé bis zur digitalen Darstellung im Internet, Videoclip oder 360° – Rundgang.

Home Staging macht Verkäufer stolz auf Ihre Immobilie – das merken Käufer, und macht diese attraktiv für sie.

Kurz gesagt: Home Staging verwandelt Räume in Gefühle. Und weil letztere zu 80% ausschlaggebend sind für unsere Entscheidungen, erhöhen die Maßnahmen von Home Staging die Verkaufschancen. Warum also länger brauchen, wenn es auch kürzer geht? Schließlich hat niemand Zeit zu verschenken, schon gar nicht Verkäufer bzw. Käufer von Immobilien!

VORHER

NACHHER

2 DIE HOME STAGING PRINZIPIEN

DIE SACHE MIT DEM 1. EINDRUCK

Sie haben nur 30 Sekunden... 30 Sekunden entscheiden über einen Hauskauf? So ein Quatsch! Da hat der Käufer ja noch gar nichts gesehen. Wirklich? Beobachten Sie sich im Alltag. Wie schnell fällen Sie ein erstes Urteil über Menschen, Häuser, Produkte im Supermarkt? Vielleicht revidieren Sie diese Meinung später, aber hatten Sie Ihr Urteil nicht nach dem ersten Eindruck gleich parat – positiv wie negativ?

Home Staging geht direkt auf dieses Bauchgefühl ein. Es lässt Ihr Haus im besten Licht erscheinen, so dass der erste Eindruck immer eine positive Reaktion hervorruft. In nur 30 Sekunden, die übrigens bereits vor der Haustür beginnen. Die Fassade, der Vorgarten, das Drumherum entscheiden darüber, ob der Käufer gespannt und voller Freude in das Haus oder die Wohnung geht. Sonst denkt er vielleicht: „Hier muss aber einiges gemacht werden!" oder schlimmer: „Das ist ja ungepflegt und vernachlässigt, es muss bestimmt überall teuer repariert werden!"

Mit dem ersten und jedem weiteren Blick stellt sich die große Frage: „Kann dies mein neues Zuhause sein?" Wenn bereits vor dem Betreten feststeht: „Oh je: Probleme, Dreck und jede Menge Arbeit!", dann ist eine negative Entscheidung im „Bauch" gefallen. Um dagegen anzugehen muss der Kopf extrem hart arbeiten und selbst dann sind tolle Argumente, wie „gute Raumaufteilung" oder „helle Küche", oft zu schwach. Arbeiten Sie also an einem spontanen: „Ist das schön hier!"

DAS IST ZU TUN

Wie wäre es mit einer neuen Fußmatte mit „Willkommen" darauf und dazu blühende Kübelpflanzen am Eingang? Das kostet wenig und ist schnell aufgestellt.

Räumen Sie eventuell vorhandene Mülltonnen unbedingt außer Sichtweite.

Putzen Sie die Haustür samt Briefkasten und reinigen Sie den Fußweg von Blättern, Sand und Moos – am besten mit einem Hochdruckreiniger, den Sie im Baumarkt günstig leihen können.

Mähen Sie den Rasen, jäten Sie Unkraut, entfernen Sie verwelkte Pflanzen.

Wenn Platz ist: Stellen Sie eine Sitzgelegenheit, z. B. eine Gartenbank oder Stühle, auf. Beides vermittelt ein „Hier-sind-wir-gerne"-Gefühl.

Versuchen Sie es! Sie werden staunen, wie Sie schon jetzt Ihr „altes Haus" mit neuen Augen sehen. So inspiriert verwandelt sich auch das Innere schnell in einen Käufertraum – wenn Sie jetzt weiterlesen!

DER 1. EINDRUCK ENTSCHEIDET!

VORHER

NACHHER

TINAS TIPP

Entfernen Sie für die Erstellung der Fotos alle Dekorationen die auf eine bestimmte Zeit im Jahr hinweisen, wie z.B. Ostern, Halloween oder Weihnachten.

NACHHER

LICHT

Nach Licht suchen alle Käufer. Ein helles Zuhause wirkt freundlich und groß. Mit anderen Worten: Helligkeit sorgt für eine positive Wahrnehmung Ihrer Räume. Kaufinteressenten fühlen sich in ihnen wohler als in dunklen Räumen. Wer sich wohlfühlt bleibt länger. Mit der Verweildauer steigt die Kaufwahrscheinlichkeit. Deshalb ist Licht ein wichtiger Baustein für den Verkaufserfolg.

DAS IST ZU TUN

Schalten Sie vor jeder Besichtigung alle Lampen im Haus an – auch am Tag, sogar im Sommer. Sie werden sich wundern wie viel mehr Atmosphäre jedes Zimmer ausstrahlt.

Noch besser gehen Sie mit kritischem Auge (möglichst an einem dunklem Tag oder in der Dämmerung!) durch jedes Zimmer und überprüfen: Gibt es eine dunkle Ecke? Würde eine zusätzliche Tisch- oder Stehlampe helfen? Oder eine hellere Glühbirne? Nehmen Sie eine passende Lampe aus einem anderen Zimmer und testen Sie den Unterschied. Besonders effektiv sind Deckenfluter – symmetrisch aufgestellt (links und rechts in den Ecken) oder diagonal gegenüberliegend. Scheuen Sie sich nicht, neue Lampen zu kaufen. Sie kosten nicht viel, steigern aber den gefühlten Wert Ihres Hauses. Das Licht-Minimum: In jedem Raum ergänzt mindestens eine zusätzliche Lampe die funktionierende Deckenlampe.

Wechseln Sie die Glühbirnen aus! Schrauben Sie die höchste zugelassene Birne ein. Kaputte Glühbirnen während einer Besichtigung lassen bares Geld auf dem Tisch liegen. Sie haben doch nichts zu verschenken, oder?

Achten Sie auf den Vermerk „warmes Licht". Verwenden Sie deshalb keine Energiesparlampen der ersten Generation.

Es sollten nirgendwo „nackte" Glühbirnen zu sehen sein.

Fast genauso wichtig: Ziehen Sie vor jeder Besichtigung alle Gardinen auf und Rollläden hoch – so weit wie möglich! Verzichten Sie für diese kurzen Momente auf Privatsphäre und bringen Sie so viel natürliches Licht ins Haus wie nur möglich. Sogar im Badezimmer!

Putzen Sie Ihre Fenster. Und zwar alle! Blitzblank! Sie werden sich wundern wie viel extra Helligkeit ins Haus kommt.

Wenn Sie schon dabei sind: Putzen Sie auch alle reflektierenden Flächen im Haus, wie z. B. Spiegel, Glastische, Vasen oder Chrom. Sie reflektieren und multiplizieren das Licht, lassen es sozusagen im Zimmer glitzern und herumspringen.

Welche Farben haben Ihre Wände und Böden? Gerade die dunklen Wandfarben „schlucken" oft sehr viel Licht und lassen die Räume viel dunkler erscheinen als notwendig. Helle Wandfarben reflektieren Licht und lassen Räume grösser erscheinen.

Ein letzter Check: Ist Ihre Dekoration eher in dunklen Farben oder in hellen? Je mehr helle Kissen, Decken, Tagesdecken oder Vasen, desto besser.

Hier wird natürliches Licht optimiert.

Home Staging sorgt dafür, dass eine Immobilie nicht nur wahrgenommen sondern auch erlebt wird. Und das macht aus Kaufinteressenten Käufer. Noch nicht überzeugt?

Sehen Sie sich eine der gängigen Wohnzeitschriften an. Sie werden entdecken: auf jedem Foto sind alle Lichter an.

WIEBKES ERFAHRUNG

In den Zechenhäusern im Ruhrgebiet ist es meistens nicht sehr hell. Die Fenster sind klein und die Nachkriegsgeneration liebte dazu noch üppige Vorhänge. Am besten mehrere Schichten übereinander. Das ist besonders schade, wenn – so wie bei diesem Beispiel (Bild links) – ein wunderbarer Ausblick in den eigenen Garten gar nicht wahrgenommen wird. Nachdem ein ganzer Berg Gardinen aus dem Haus verschwunden war, wurde es richtig sonnig und eine Verbindung von Innen nach Außen zu dem tollen Garten wurde geschaffen!

IRIS TIPP

Ich sehe häufig Badezimmerfenster die mit Gardinen oder Rollos unnötig verdunkelt werden, weil sonst von außen hineingeblickt werden könnte. Hier hilft eine Folie aus dem Baumarkt die einen „Milchglaseffekt" gibt. Das schafft Privatsphäre, ist leicht anzubringen und kann jederzeit wieder entfernt werden.

WIEBKES TIPP

Deckenfluter geben indirektes Licht über die Zimmerdecke zurück. So wirken die Räume höher!

VORHER

WIEBKES TIPP

Gibt es unvorteilhafte Dachschrägen in einer Wohnung? Dann machen Sie aus der Not eine Tugend: Durch die richtige Beleuchtung kann die Schräge zum echten Hingucker werden.

NACHHER

Hier sieht man sehr schön, dass sich Schrägen mit der richtigen Beleuchtung nach oben öffnen.

IRIS TIPP

Wenn es nicht schon der Fall ist, streichen Sie alle Räume mit hellen Wandfarben. Es kostet nicht viel Geld, hat aber einen enormen „Lichteffekt". Glauben Sie mir, die Arbeit lohnt sich! Ganz besonders bei den wichtigsten Zimmern – und vor allem auch, wenn Sie im Herbst oder Winter verkaufen.

IRIS TIPP

Hängen Sie einen Spiegel so auf, dass er natürliches Licht von außen reflektiert. Sie werden merken, es wird sofort heller im Raum.

WIEBKES TIPP

Eine helle Einrichtung schafft helle Räume.

FARBE

Der erste Eindruck basiert zu einem großen Prozentsatz allein auf Farbe. Farbe beeinflusst unser Wohlbefinden. Bewusst und unbewusst. Es gibt Farben, die bei uns positive Gefühle hervorrufen, und andere, die wir ablehnen. Allerdings sind diese Reaktionen von Mensch zu Mensch unterschiedlich. Der eine liebt Orange – der andere hasst es. Einer bevorzugt Schwarz, Chrom und Weiß, während der Nächste diese Kombination zu kühl findet. Farbvorlieben sind etwas sehr Persönliches. Was heißt das für den Hausverkauf? Hier können intensive, kräftige Farbtöne beim Käufer negativ in Erinnerung bleiben. Es kann passieren, dass jemand sich an ein Haus erinnert als „das mit dem grausigen lila Schlafzimmer" statt an „das schöne helle Haus mit den tollen Fenstern". Das wird Ihnen nicht passieren – schließlich kennen Sie sich nach dem Lesen dieses Kapitels mit Farben aus.

DIE HOME STAGING-FARBLEHRE

Überprüfen Sie, ob Ihre Zimmer in intensiven, kräftigen Farben gestrichen sind. Kräftige Farben sind in der Fachsprache Farben mit einem hohen Wert. Eben alle Farben, die sehr intensiv sind – Weiß ausgenommen. Selbst relativ neutrale Farben wie Grün oder Blau rufen starke Reaktionen hervor, wenn zum Beispiel ein ganzes Zimmer in Grasgrün oder grellem Azurblau gestrichen ist. Werden diese Farben mit „weniger Wert", also in weniger starker Form wie Pastellgrün oder Hellblau angewandt, wird sich kaum jemand daran stören. Die Farbe bleibt dann im Hintergrund.

DAS IST ZU TUN – FÜR VERKAUFSFÖRDERNDE FARBEN:

Gehen Sie Raum für Raum durch Ihr Haus. Falls Sie ein Zimmer mit einer intensiven Farbe haben, müssen Sie einschätzen, ob es ein eher unwichtiger Raum, wie Keller- oder Abstellraum oder ein wichtiger Raum, wie Wohnzimmer, Küche oder Schlafzimmer ist. Hier ist dann ein Überstreichen absolut notwendig!

Soviel Arbeit und Geld – ist das wirklich ein Muss? Aus Home Staging-Sicht ein klares „Ja!". Denken Sie an den verpatzten Verkauf durch das „lila Schlafzimmer", in dem ein Mann nicht schlafen will. Können oder wollen Sie sich das leisten? Außerdem ist Streichen nicht teuer, in einem Tag gemacht und wertet Ihre Immobilie gefühlt sofort auf. Streichen ist eine der kosteneffektivsten Investitionen!

Eine einheitliche Farbgestaltung in der gesamten Immobilie schafft ein Gefühl von Harmonie und Stimmigkeit. Es „passt" einfach alles. Und diese positiven Gefühle beeinflussen eine Kaufentscheidung. Es ist einfach so: wenn wir uns gut fühlen kaufen wir – sonst nicht. Und stimmige Farben beeinflussen uns dabei wesentlich.

In welcher Farbe sollen Sie streichen? In einer neutralen Farbe wie Weiß („Off-Weiß"), Creme, Taupe, sehr hellem Gelb oder Beige. Diese Farben mögen Ihnen langweilig erscheinen. Es sind aber Farben, an denen sich keiner stört, die also keine ablehnenden Reaktionen hervorrufen.

Nach den Wänden geht es weiter: Sind die Möbel und Dekorationen farblich einheitlich oder eher nicht? Vielleicht sind sie ein bisschen zu bunt für den erfolgreichen Unternehmer, das Paar ohne Kinder, das Rentnerpaar oder den Professor mit zwei fast erwachsenen Kindern? Im Idealfall sind alle Wände, Böden und großen Möbelstücke in einer hellen neutralen Farbe (Creme, Taupe, Weiß etc.) und nur die Dekorationsartikel sind einheitlich farbig. Natürlich ist das meistens nicht der Fall: Schaffen Sie also ein neutrales und harmonisches Farbschema im ganzen Haus. Dafür müssen Sie sich nur auf zwei bis drei Farben pro Zimmer beschränken. Suchen Sie nach den Farben, auf die Sie nicht verzichten können – die Farbe des Sofas, der Fliesen im Bad oder der Küche. Wiederholen Sie diese Farben mit einigen kleinen anderen Gegenständen, z. B. in einem Kissen, einer Decke, einem Bild oder Kerzen. Wiederholen Sie die Farbe der Badezimmerfliesen zum Beispiel in Ihren Badezimmerteppichen und den Handtüchern. Das Ziel ist nicht ein völlig rotes, gelbes oder blaues Zimmer zu schaffen. Es geht darum, mit einigen Farbtupfern Akzente in den Raum zu bringen, ohne von der eigentlichen Schönheit des Zimmers abzulenken.

ZUM UMGANG MIT FARBE

Es gibt eine einfache Regel: 60-30-10.
60% der Farben in einem Raum sollten neutral sein. Neutrale Farben sind z. B. Weiß oder helle Cremetöne. Wenn ein Zimmer z. B. weiße Wände und Decken und einen Holzfußboden hat, haben Sie einen neutralen Hintergrund. 30% der Farben sollten ebenfalls neutral gehalten sein – dürfen aber kräftiger sein. Vielleicht haben Sie z. B. ein graues Sofa und braune Schränke oder auch etwas farbiges, wie eine dunkelrote Kommode. In den meisten Räumen bilden vorhandene große Möbelstücke diese 30%.
10% dürfen intensiv farbig sein. Im Falle der roten Kommode, legen Sie noch zwei rote Kissen auf die Couch und stellen ein Strauß mit roten Blumen auf den Tisch.
Was machen Sie aber wenn Ihr Raum z. B. farbige Wände hat – oder eine rote Couch? Wände könnten Sie weiß streichen. Wenn eine Farbe unveränderbar ist, versuchen Sie Neutralität durch Accessoires zu schaffen. Legen Sie z. B. eine helle Wolldecke und helle Kissen auf die bunte Couch. Hängen Sie weiße Gardinen auf. Damit wird eine intensive Farbe visuell abgeschwächt.
Zusammengefasst: Versuchen Sie sich auf möglichst wenig Farben zu beschränken – und greifen Sie vorhandene Farben in kleinen Dekoartikeln wieder auf.

60 % FARBEN

Weiß / Cremetöne für Wände und Decken oder helle Accessoires

30 % FARBEN

Neutrale, kräftige Farben, die z. B. in großen Möbelstücken zu finden sind

10 % FARBEN

Kräftige Farben für kleine Accessoires wie Kerzen, Kissen, Blumen, Schalen, etc.

VORHER

WIEBKES ERFAHRUNG

Nach dem Abnehmen der Hängeschränke fanden wir einen Mix aus verschiedenen Tapetenresten vor. Diese wurden entfernt und eine neutrale weiße Raufasertapete geklebt. Auch der Fliesenspiegel war nicht mehr ansehnlich und wurde weiß lackiert.

NACHHER

WIEBKES TIPP

Einen Fliesenspiegel streichen ist gar nicht so schwer. Er muß vor allem gut gereinigt und entfettet werden. Dann nimmt man Autolack oder die Lackfarbrolle und lackiert zweimal, mit Trocknungszeit dazwischen.

Auch in diesem Dachzimmer kam nach dem Entfernen der Möbel ein Tapetenmix zum Vorschein. Vor der Umgestaltung konnte sich niemand vorstellen, dass dieser Raum nun sogar als Kinderzimmer nutzbar sein könnte.

GRÜNE WAND

Diese grüne Wand war die einzige farbige Fläche, die in der Wohnung vorhanden war. Und sie war noch makellos. Zu schade um sie zu überstreichen. Was macht man hier? Man nimmt die Farbe in der Dekoration, wie den Kissen, wieder auf. Aber nicht nur im Wohnzimmer, sondern in der gesamten Wohnung.

WIEBKES TIPP

Kaufen Sie wirklich gute Farbe. Achten Sie bei weißer Farbe auf hohe Pigmentierung, damit auch der erste Anstrich schon deckt. Kleben und decken Sie lieber alles vorher gut ab, als dass Sie später putzen müssen.

Streichen Sie zuerst mit einem Heizkörperpinsel die Ecken, dann den Rest der Wände mit einer Rolle mit langem Stiel (damit die ganze Wand in einem Zug gestrichen werden kann). Beginnen Sie am Fenster.

WIEBKES TIPP

Dunkles Holz und Blümchentapeten sind nicht das, wonach Käufer heute suchen. Da kann es sich schon einmal lohnen, eine Wandvertäfelung zu lackieren und die Tapete zu überstreichen. Zeitinvestition ca. 3 Stunden – aber das zahlt sich allemal aus!

In diesem Haus wohnten starke Raucher. Um den Geruch, aber auch das Nikotin in den Tapeten in den Griff zu bekommen, wurde mit einer speziellen Farbe weiß vorgestrichen und anschließend in beige darüber. Der dunklere Farbton wurde gewählt, damit die Balkendecke etwas von ihrer Schwere verliert. Die beigefarbene Wand „stützt" optisch mehr.

TINAS TIPP

Ich arbeite mit Neutralisationslösungen bevor ich auf durch Rauch vergilbte Tapeten streiche (z. B. www.aircreative.de).

IRIS TIPP

Ist ein Farbschema wirklich so wichtig? Ja! Ich habe es selber am Anfang meiner professionellen Home Stager Laufbahn nicht eingesehen und in manchen Projekten ignoriert. Die Folge? Die Makler berichteten, dass „irgendwas nicht so schön wie sonst" war. Heute weiß ich aus Erfahrung, dass die Harmonie in einer Immobilie besonders durch den roten Faden mit den Farben erreicht wird. Die Immobilie fühlt sich stimmig an. Und dieses Gefühl schafft Wohlgefühl. Übrigens sieht der Kaufinteressent das auch schon in den Fotos im Exposé oder im Internet.

Noch Zweifel? Sehen Sie sich die Beispiele der kompletten Immobilien in Kapitel 3 ab Seite 86 an.

ORDNUNG

Egal wie ein Käufer selbst wohnt, beim Besichtigen braucht er Ordnung. Denn Unordnung lenkt von den Räumen ab und erschwert entsprechend eine positive Kaufentscheidung. Ein Zimmer mit herumliegenden Spielzeug verhindert außerdem eine neutrale Wahrnehmung. Denkt der Käufer daran aus diesem Raum ein Büro zu machen, fällt es ihm schwer, sich eine ruhige Arbeitsatmosphäre oder Platz für den großen Schreibtisch vorzustellen. Die Erfahrung zeigt immer wieder, dass ein unordentlicher Raum bei Besichtigungen gar nicht richtig betreten wird. Der Käufer verharrt im Türrahmen, guckt und geht. Je geringer die Verweildauer, desto geringer die Kaufwahrscheinlichkeit: Deshalb ist Ordnung eine Grundvoraussetzung für einen erfolgreichen Verkauf! Und: Um einen Raum richtig zu erleben, muss man ihn vollständig betreten haben. Das tun Käufer schlicht und einfach nicht, wenn sie über Dinge steigen müssen oder sogar stolpern.

TINAS TIPP

Sie wissen nicht, wo und wie Sie anfangen sollen? Mir hilft es immer, alles was weg soll in die Mitte des Zimmers auf den Boden zu stellen. Dann gibt es drei Kisten: Behalten, Wegwerfen, Spenden. Kleinere Sachen, die Sie behalten wollen, können Sie in Kartons bei www.lagernperpost.de bequem und für kleines Geld bis nach Verkauf und Umzug unterbringen und sich später, wann Sie wollen, wieder zuschicken lassen.

DAS IST ZU TUN

Gehen Sie Zimmer für Zimmer vor.

Sammeln Sie alles ein, was auf dem Boden liegt. Dies betrifft auch Dinge, die unter dem Sofa, Bett oder Schrank liegen. Der sichtbare Teil des Bodens bestimmt ausschlaggebend das Gefühl für die Raumgröße. Es ist deshalb absolut wichtig, dass dort nichts Unnötiges steht oder liegt.

Kümmern Sie sich um alles, was oben auf den Schränken, Regalen etc. steht. Es darf am Ende nichts mehr darauf sein, außer vielleicht eine rankende Pflanze oder ein dekoratives Objekt. Für die Wahrnehmung der Raumhöhe ist es wichtig, Freiraum zu haben. Sind die Schränke bis zur Decke vollgepackt, wird die Person, die den Raum das erste Mal betritt, optisch sozusagen erdrückt.

Esstisch, Couch- und Abstelltische, Schreibtische – abgesehen von nützlichen Dingen wie Lampen – müssen auch diese abgeräumt sein. Leere Flächen reflektieren Licht und unterstützen den Eindruck eines luftigen, offenen Raumes.

Offene Bücherregale oder Schränke, in die man einsehen kann, z. B. mit Glastüren, dürfen auf keinen Fall vollgestopft sein. Das wird sofort wahrgenommen als: „hier fehlt Platz". Im optimalen Fall ist ein Regal maximal zu 80% gefüllt. So bleibt Platz zum „Wachsen". Übrigens: Dieses Wissen nutzen auch Einrichtungssendungen und Musterhäuser. Oder haben Sie dort schon einmal ein volles Regal entdeckt?

„Wo soll ich bloß hin mit meinen Sachen während der Verkaufsphase?"

Entweder verpacken Sie alles bereits in Kartons und lagern Ihre Sachen ein oder Sie nutzen die Chance, vor Verkauf und Umzug schon jetzt kräftig „auszumisten!"

Ordnung zu schaffen ist bares Geld wert! Es macht Ihre Immobilie optisch größer und der Blick kann bei der Besichtigung frei „schweifen" – ohne von der Schokoladenseite Ihrer Immobilie abgelenkt zu werden (siehe Tipp Seite 46).

VORHER

WIEBKES TIPP

Besorgen Sie sich weiße Kartons und verstauen Sie Kleinkram darin. So sieht alles viel ruhiger aus.

NACHHER

VORHER

IRIS TIPP

Aufgeräumte Zimmer produzieren viel schönere Fotos, auf denen die Räume Größer wirken.

NACHHER

PLATZ

Fast alle Käufer wollen sich durch einen Immobilienkauf räumlich verbessern und meistens etwas Größeres kaufen. Je großzügiger sich Ihre Immobilie anfühlt, je größer die Chance, dass ein Kaufinteressent sie besitzen will. Für Quadratmeter wird Geld bezahlt. Das ist logisch. Aber es geht eben nicht nur um die eigentlichen Quadratmeterzahlen sondern vor allem um den gefühlten Freiraum – und den schaffen Sie mit Home Staging.

Ein Raum, der mit Möbeln überfüllt ist, wirkt wesentlich kleiner als er ist. Der Käufer kann das eigentliche Potential des Zimmers nicht sehen. Ein Raum, der nur zu 80% eingerichtet ist, vermittelt ein Gefühl von Platz. Er verspricht dem Käufer, Platz für seine Träume und seine ganz individuellen Vorstellungen zu haben.

DAS IST ZU TUN

Gehen Sie Zimmer für Zimmer vor.

Da Ihr Haus nun wunderbar ordentlich und aufgeräumt ist (siehe „Ordnung" ab Seite 46), machen Sie die Probe aufs Exempel. Fragen Sie sich: „Sind alle vorhandenen Dinge entweder verkaufsfördernd oder absolut notwendig?"

Beispiel: Sind mehr Stühle als notwendig um den Esstisch gestellt oder stehen weitere Stühle herum? Bringen Sie diese aus dem Raum. Steht ein Sportgerät herum, das so gut wie nie benutzt wird? Räumen Sie es weg. Wie ist es in der Küche? Gibt es eine Brotmaschine oder anderes Küchengerät, das Platz einnimmt, aber selten gebraucht wird? Muss der Handtuchstapel im Bad sein? Reicht nicht auch die Hälfte oder sogar weniger für Ihren Alltag? Wie ist es mit Sesseln oder Sofas, wie mit Abstelltischen? Brauchen Sie die wirklich alle in der Verkaufsphase oder können Sie auf das eine oder andere verzichten – und dabei zusehen, wie jeder Raum vor Ihren Augen „wächst"!
Fragen Sie sich: Muss dieses Möbel sein? Wirkt der Raum so am größten?

In leer stehenden Häusern und Wohnungen ist es übrigens umgekehrt: Hier rät Home Staging ganz klar dazu, genügend Möbel in die Räume zu stellen. Bei leeren Zimmern fehlt dem Käufer oft das Verhältnis zur Größe des Raumes. Meistens erscheinen leere Räume kleiner als sie sind. Ohne Möbel, die eine Relation schaffen, weiß der Käufer nicht, was reinpassen würde und was er überhaupt mit dem Raum „anfangen" soll (mehr dazu ab Seite 94 „Leere Immobilien"). Leere Zimmer verschwinden schnell aus der Erinnerung!

TINAS TIPP

Sie fragen sich, wo Sie die überzähligen Möbel unterbringen sollen? Vorausgesetzt, Sie wollen sie behalten, könnten Sie z. B. Ihre Nachbarn fragen, ob Sie dort für die Zeit der Vermarktung einige Stücke unterstellen können. In vielen größeren Städten gibt es mittlerweile auch Mietlager, d. h. Abteile, die man in unterschiedlichen Größen und ab vier Wochen anmieten kann (z. B. www.myplace.de).

Zuviele große Möbel erdrücken den Raum. Mit der neuen Möblierung zeigt sich seine wirkliche Größe.

SAUBERKEIT

Wenn ein Haus verkauft wird, kann es nicht sauber genug sein. Es sollte so sauber sein, dass es vor Reinheit „quietscht". Warum? Weil ein Käufer am allerliebsten ein komplett unbenutztes Haus kaufen würde. Er möchte möglichst wenig Gebrauchsspuren der Vorgänger sehen. Jeder, der ein Haus besichtigt, erwartet Sauberkeit – bewusst oder auch unbewusst. Wie bei der Ordnung auch, ist es egal, wie der Käufer selbst wohnt.

Genau wie bei einem Bewerbungsgespräch unwillkürlich von der Kleidung des Bewerbers auf seine Fähigkeiten geschlossen wird, so geht es Kaufinteressenten mit der Sauberkeit: Ist es ordentlich, reinlich und gepflegt, entspannt man sich unwillkürlich, weil mit der Immobilie offensichtlich alles in Ordnung ist.
Dies ist besonders wichtig beim Badezimmer und in der Küche. Es sind die Räume, deren Renovierungen viel kosten würden. Ohne Sauberkeit kommt schnell ein Ekelgefühl auf. Der Käufer schüttelt sich innerlich und denkt: „Hier könnte ich nie leben!". Er wird so niemals kaufen – höchstens bei einem gnadenlos niedrigen Preis. Ist alles picobello sauber, fühlt er sich wohl. Das Haus wird für ihn ein wünschenswertes Zuhause sein. Er will es haben!

DAS IST ZU TUN

- Reinigen Sie Ihre Immobilie Zimmer für Zimmer!

- Reinigen Sie so gründlich, wie Sie noch nie vorher gereinigt haben. Machen Sie den gründlichsten Frühjahrsputz Ihres Lebens!

- Das heißt: Putzen Sie alle Böden, Fenster, Wände, Heizungen, Rohre, Türen, Lichtschalter, Gardinenstangen, Steckdosen!

- Wischen Sie alle Schränke und Möbel: von oben, den Seiten und von innen ab bzw. aus!

- Putzen Sie unter dem Bett!

- Waschen Sie Ihre Gardinen!

- Shampoonieren Sie den Teppich und Ihre Polstermöbel, besonders wenn sie Flecken haben und wenn Sie rauchen!

- Entstauben Sie alle Dekoartikel, Bücher, Bilderrahmen!

- Entfernen Sie alle Tierhaare (mehr zum Umgang mit Haustieren bei Besichtigungen finden Sie ab Seite 77).

- Putzen Sie das Badezimmer und die Küche am allersaubersten. Badezimmer sind beim Hauskauf wichtige Entscheidungsträger. Und Küchen, in denen jeder gerne sofort kochen würde, ersparen dem Käufer tausende Euros. Das erhöht Ihre Chance auf einen richtig guten Verkaufserlös.

- Herzlichen Glückwunsch zum picobello sauberen Haus! Freuen Sie sich auf Ihre Besichtigungen. Sie dürfen die Leute gerne bitten ihre Schuhe auszuziehen.

Sie haben noch Zweifel? Gehen Sie selbst auf Haussuche und machen eine Besichtigung. Wie erleben Sie den Schmutz anderer Leute? Wie sind uns sicher: Jetzt wissen Sie, was mit piekfeiner Sauberkeit gemeint ist. Sie verkauft!

TINAS TIPP

Die Universität Bern hat in einer Umfrage herausgefunden, auf was Menschen am meisten achten, wenn sie einen Raum betreten. Das Ergebnis: An erster Stelle wird tatsächlich „Sauberkeit" genannt.

Es gibt Flecken, da weiß man einfach nicht mehr weiter. Aber andere schon. Einfach mal im Internet danach suchen.
Unser Favorit: www.frag-mutti.de

VORHER

IRIS TIPP

Gerade Dinge wie dreckige Steckdosen und Lichtschalter machen einen riesigen Unterschied für das Gefühl einer „richtig sauberen" Immobilie. Je nach Anzahl kann es schneller sein diese abzuschrauben und im Geschirrspüler sauber zu waschen. Ich mache es bei vielen meiner Kunden und es funktioniert super.

NACHHER

IRIS TIPP

Sie haben keine Zeit oder kein Talent für solche Arbeiten? Engagieren Sie einen Profi. Nicht erledigte Reparaturen kosten Sie bei Preisverhandlungen mehr Geld, als wenn Sie diese von einem Fachmann erledigen lassen.

KLEINE REPARATUREN

Gibt es in Ihrer Immobilie noch kleinere Reparaturen zu erledigen? Dinge wie tropfende Wasserhähne, quietschende Türen oder Türen, die sich nicht ganz oder nicht leicht schliessen lassen? Muss so etwas wirklich noch alles von Ihnen erledigt werden? Das kann doch gleich der neue Besitzer übernehmen, oder? Die Home Staging Antwort dazu ist ein klares „Nein". Jede noch zu erledigende kleine Reparatur bedeutet, dass der Käufer den Eindruck bekommt, er müsse Geld und Arbeit in das neue Haus stecken. Und das wird er ganz bestimmt versuchen Ihnen vom Kaufpreis abzuziehen.

Es ist so, als würden Sie z. B. bei der Anprobe eines Kleidungsstückes entdecken, dass es einen Fleck hat. Leider ist es das letzte Stück in Ihrer Größe. Akzeptieren Sie das einfach oder wollen Sie, dass der Verkäufer Ihnen einen Nachlass gewährt? Wahrscheinlich Letzteres und wenn er Ihnen gegenüber unflexibel bleibt, kaufen Sie es eben nicht. Genauso verhält es sich mit offensichtlichen „Flecken" bei einer Immobilie. Wenn der Rollladen klemmt, die Regenrinne verstopft ist oder der Wasserhahn in der Küche tropft, bieten diese Kleinigkeiten Anlass, über den Preis zu sprechen. Richtig, aber unnötig, wenn Sie diese vorher beseitigen.

DAS IST ZU TUN

Gehen Sie einmal mit Käuferaugen durch Ihr Haus. Seien Sie ein neugieriger Kaufinteressent und sehen Sie sich alles genau an. Fällt Ihnen irgendwo eine Stelle auf die nicht so schön ist? Könnte einen Riss ausbessern oder etwas nachstreichen die Situation beheben? Dann tun Sie es.

Gehen Sie mit genau den gleichen Käuferaugen einmal um das Haus herum und überprüfen Sie den ersten Eindruck.

Öffnen und schließen Sie alle Türen, Fenster und Zugänge nach außen. Lässt sich alles problemlos und lautlos tun? Beheben Sie hier alle Mängel.

Gibt es irgendwo Lampen die nicht funktionieren oder durchgebrannte Glühbirnen? Reparieren Sie diese und wechseln Sie sie aus. Vergessen Sie die Außenleuchten nicht.

Wackelt der Zaun draußen und lässt sich die Pforte zum Haus mühelos öffnen und schließen? Gerade weil die Hausbesitzer oft auf einem anderen Weg ins Haus gelangen, bemerkt man nicht, dass es hier eventuell Handlungsbedarf gibt.

DUFT

Lange bevor wir einen Raum im Einzelnen wahrnehmen, wissen wir, ob wir diesen als angenehm empfinden oder nicht. Und einer der Hauptgründe dafür ist der Geruch. Damit Ihre Besichtigung zu einem rundherum angenehmen Erlebnis wird, sollten Sie diesen Aspekt auf keinen Fall vernachlässigen. Dann bleiben die Interessenten nämlich länger, haben Ihre Immobilie positiver in Erinnerung und die Wahrscheinlichkeit, dass sie zu Käufern werden, steigt.

Sie finden, jetzt übertreiben wir? Überhaupt nicht! Denken Sie an den Duft eines frisch gebackenen Kuchens. An was denken Sie sofort? An eine gemütliche, entspannte Kaffeezeit? Was empfinden Sie hingegen, wenn Sie am frühen Morgen einen Imbiss oder eine Kneipe betreten? Nicht gerade der Ort, den Sie Ihr Zuhause nennen möchten, oder? Gerüche beeinflussen unser Wohlgefühl: positiv oder negativ.

Zukunftsforscher haben den Geruchssinn als stark „im Kommen" bezeichnet. Jüngste Forschungsergebnisse zeigen, wie maßgeblich er gerade für Kaufentscheidungen ist. In Lebensmittelmärkten sind deshalb die Bäckereien immer am Eingang untergebracht, weil der Duft von frisch gebackenem Brot oder Kuchen zusammen mit dem Geruch nach frisch aufgebrühtem Kaffee mit Kindheitserinnerungen gekoppelt ist, die uns in eine positive Grundstimmung versetzen. Und gut gelaunt kauft es sich eben besser.

DAS IST ZU TUN

Vermeiden Sie vor Besichtigungen das Kochen mit starken Gerüchen (Knoblauch, Speck, Fett, Fisch). Kochen und essen Sie erst nach der Besichtigung.

Leeren Sie alle Aschenbecher und waschen Sie diese aus. Mittlerweile lehnen viele Käufer ein Raucherhaus ab. Während der Verkaufsphase rauchen Sie möglichst nur draußen!

Bringen Sie vor jeder Besichtigung den Müll und auch alte Blumen hinaus. Lagern Sie gelbe Säcke draußen an einem nicht sichtbaren oder riechbaren Ort.

Räumen Sie dreckige Wäsche in einen geschlossenen Behälter, außerhalb jeder „Nasenweite". Schließen Sie Ihre Waschmaschine und Ihren Geschirrspüler.

Vermeiden Sie Putzmittel mit starken Eigengerüchen, wie z. B. Chlor, kurz vor der Besichtigung.

Benutzen Sie Ihr Parfüm vor Besichtigungen nur spärlich und sprühen Sie bitte nicht das Schlafzimmer oder Badezimmer damit ein.

Öffnen Sie vor einer Besichtigung für eine halbe Stunde alle Fenster und bringen Sie so viel frische Luft ins Haus.

Wir verbinden bestimmte Gerüche mit Sauberkeit. Nutzen wir diese und stellen eine Schüssel mit frischen Zitronen oder Äpfeln in die Küche.

So inszeniert es sich auch anhört: Kochen Sie eine Kanne Kaffee und backen Sie einen Kuchen oder Brot. Stellen Sie beides offen mit einigen Tassen und Tellern in die Küche. Alle wissen was Sie damit bezwecken wollen? Macht nichts, es funktioniert trotzdem! Denn jeder potentielle Käufer wird sich willkommen fühlen!

Ist die Immobilie schon älter? Wurde lange nichts mehr erneuert? Kommt Ihnen jedes Mal eine Geruchswolke entgegen, wenn Sie eintreten? Dann kann es sein, dass der Eigengeruch der Immobilie stark ausgeprägt ist. Geradeheraus gesagt: es müffelt. Dieser Geruch muss nicht überall sein, sondern kann sich auch nur in einigen Räumen befinden. In so einem Fall hilft Putzen oft nicht mehr, sondern es muss gestrichen werden und meistens muss auch der Teppichboden gewechselt werden.

IRIS TIPP

Nachdem die Möbel aus dem Raum getragen wurden, war die Spurensuche nach dem starken Eigengeruch schnell vorbei: Der Teppich war ursprünglich rosa, erschien mittlerweile um die Möbel herum beige. Der Teppich wurde gewechselt, es wurde gestrichen und neue Dinge kamen in den Raum. Das Wohlfühlgefühl war wieder hergestellt.

TINAS TIPP

Kochgerüche kann man vermeiden, aber wie steht es mit Gerüchen, bei denen das nicht möglich ist? Wie z. B. abgestandener Rauch, Haustiergerüche oder Ölgeruch, der aus dem Heizungskeller in den Eingangsbereich dringt. Raumsprays helfen gar nicht oder nur kurzfristig, weil sie den schlechten Geruch nur überlagern. Ich arbeite mit einer Duftmarketingfirma zusammen, deren Produkte helfen solche Gerüche nachhaltig zu neutralisieren (z. B. www.aircreative.de). Das Verfahren ist für jeden unkompliziert anwendbar und bezahlbar.

REZEPT FÜR APFEL-ZIMT-KUCHEN

ZUTATEN: 3 Äpfel, 3 Eier, 200 g Zucker, 200 g Joghurt, 200 ml Öl, 350 g Mehl, 1 TL Zimt 2 EL gemahlene Haselnüsse oder Mandeln, 1 Päckchen Backpulver, 1 Päckchen Vanillezucker, Etwas Puderzucker und Zimt zum Bestäuben

ZUBEREITUNG:

Backofen auf 180 Grad (Umluft oder Ober/Unterhitze) vorheizen. Eine Springform einfetten.

Eier, Zucker, Öl und Vanillezucker schaumig rühren, bis die Masse eine cremige Konsistenz hat. Joghurt, Zimt, Haselnüsse oder Mandeln und das Backpulver dazugeben. Alles gut miteinander verrühren. Anschließend das Mehl langsam nach und nach unterrühren.

Die Äpfel schälen und entkernen, danach in Würfel schneiden. Die gewürfelten Äpfel unter die Teigmasse heben und in die gefettete Springform geben.

Alternativ: Äpfel schälen und entkernen, danach halbieren. Die Apfelhälften einschneiden. Den Teig in die Form geben und die Apfelhälften in die Teigmasse drücken.

Im 180 Grad vorgeheizten Backofen ca. 30-40 Minuten backen.

Den Kuchen abkühlen lassen und mit Puderzucker und Zimt bestäuben. GUTEN APPETIT.

DEKO? ENTPERSONALISIEREN!

Alles, was zu direkt mit Ihnen zu tun hat, schreckt Interessenten häufig ab – und das kann sich kein Verkäufer leisten. Wir raten Ihnen deshalb Ihr Haus nicht hübsch zu dekorieren, sondern zu entpersonalisieren. Das ist einer der entscheidenden Schritte beim Home Staging. Es verwandelt Ihr Zuhause in ein Haus, das „auf dem Markt" ist. So wie in einem Supermarkt die verschiedenen Produkte nebeneinander stehen, steht jetzt Ihre Immobilie „im Angebot" mit vielen anderen im Internet oder der Zeitung. Grausam? Für Sie vielleicht! Wenn Sie verkaufen wollen, ist es absolut notwendig Ihr Haus möglichen Käufern zugänglich zu machen. Und das geht nicht, solange Sie daran festhalten Ihrem Haus Ihre persönliche Note zu geben.

DAS IST ZU TUN

Räumen Sie alle Dinge weg über die man geteilter Meinung sein kann, wie z. B. echte Felle, Felldecken und Geweihe, Waffen, Messer, religiöse Bilder oder sexuelle Symbole. Packen Sie diese ein und erfreuen Sie sich im neuen Zuhause wieder daran. Ist es ein geerbtes Haus, geben Sie diese Dinge vielleicht an Menschen weiter, die sich darüber freuen.

Entfernen Sie alle persönlichen Fotos. Ja, auch das schöne Hochzeitsfoto. Jeder sieht sich gerne Bilder an und darum lenken sie von der Aufgabe ab, den Raum zu erleben. Obendrein bilden sich Käufer sonst gleich eine Meinung über ihren Lebensstil. All das gehört nicht in den Verkauf – es behindert!

Nehmen Sie alle Urkunden oder Auszeichnungen ab. Auch diese lenken die Vorstellung des Käufers auf Ihren Lebensstil statt sich mit Ihrem Haus zu beschäftigen. Vielleicht denkt dann ein erfolgreicher Handwerker: „Wenn hier ein Professor gewohnt hat, dann ist dies sicher nichts für uns".

Räumen Sie Spielzeuge konsequent aus allen Räumen – außer den Kinderzimmern. Nicht alle Käufer haben, mögen oder wollen Kinder.

Packen Sie alle Kuscheltiere, Plastikblumen sowie Sammlungen aller Art (z. B. Kaffee-Sammeltassen, Figuren-Sammlungen etc.) weg. Für Sie handelt es sich um kostbare persönliche Erinnerungen, für Andere ist es möglicherweise Kitsch.

Lassen Sie im Büro alle Papiere verschwinden. Überweisungsbelege, Post etc. sind nichts für die Augen von Kaufinteressenten.

Ihr Haus kommt Ihnen nun langweilig und unpersönlich vor? Genauso soll es sein. So verkauft es sich am schnellsten und zum besten Preis, denn nun hat der Käufer die Möglichkeit sich vorzustellen, wie er selbst darin leben könnte.

TINAS TIPP

In jedem Zimmer muss sich der Interessent neu orientieren. Findet er sich nicht gleich zurecht, entsteht Stress im Körper und Gehirn – das ist dem Kunden meist gar nicht bewußt. Das Problem dabei: Seine Kaufbereitschaft wird stark eingeschränkt.

Deshalb: Strukturierte Raumaufteilung, unverstellte Wege, übersichtliche Anzahl von Möbeln und keine Unruhe durch Deko!

Beispiele eines neutral dekorierten Zimmers.

IRIS TIPP

Blumen sind neutral und verschönern jede Immobilie. Stellen Sie eine Vase vor einen Spiegel und der Effekt verdoppelt sich.

GARTEN, BALKON, TERRASSE & CO.

Da haben Sie Ihr Haus nun geputzt, für Ordnung und guten Duft gesorgt, es farblich neutralisiert und entpersonalisiert. Die Arbeit ist fast geschafft. Was noch fehlt ist der gelungene Ausblick auf den Garten, die Terrasse oder den Balkon. Hier gelten ähnliche Regeln wie im Haus: Sie zeigen dem Käufer, wie er darin wohnen könnte.

DAS IST ZU TUN

Mähen Sie den Rasen und beschneiden Sie überwachsende Hecken, Bäume und Büsche.

Harken Sie Laub, entfernen Sie Unkraut und vertrocknete Pflanzen aus den Beeten.

Reinigen Sie die Terrasse, Wege oder den Balkon – das geht am leichtesten mit einem Hochdruckreiniger (geliehen vom Baumarkt kostet er nicht viel). Sogar Waschbetonsteine sind, wenn sie blitzsauber sind, für die Käufer akzeptabel. Wenn sie jedoch mit Moos überwuchert sind, denken die meisten: „Oh, die müssen weg – was das kostet und dann die ganze Arbeit!"

Je nach Saison: Wenn sie nicht schon vorhanden sind, pflanzen Sie einige blühende Büsche oder Blumen (hier sind einige größere Pflanzen effektiver als viele kleine). Alternativ wirken auch Topfpflanzen.

Stellen Sie eine schöne Sitzgruppe auf. Man denkt an Grillabende mit netten Freunden oder an ein Glas Wein zur Entspannung. Wenn es das Wetter erlaubt, öffnen Sie die Terrassentüren und dekorieren den Gartentisch mit einigen Gläsern, einer Getränkeflasche und einem Obstkorb.

Atmosphäre schaffen Sie mit einem schönen Blickfänger, wie z. B. einem Vogelbad.

Schauen Sie auch über den Tellerrand. Vielleicht stellt Ihr Nachbar gerade direkt vor dem Wohnzimmerfenster seinen knallgelben Anhänger ab? Wenn möglich, bitten Sie auch Ihre Nachbarn um eine kleine „Verkaufsmithilfe".

Es geht auch ganz einfach mit Dingen, die alle schon im Haus vorhanden waren.

Ein schöner Ausblick überzeugt Sie nicht? Dann sagen wir es noch einmal anders: Ein gut gepflegter Außenbereich ist ein zusätzlicher Freiluft-Wohnraum. Gerade in Städten oder engen Wohnsiedlungen ist jeder noch so kleine Bereich ein echter Luxus. Vernachlässigen Sie dies nicht – und denken Sie daran: gefühlter Wohnraum und Platz ist etwas wonach Käufer suchen! Außenwohnräume sind ein wichtiges Verkaufsargument und erhöhen die Chancen Ihrer Immobilie!

VORHER

NACHHER

WIEBKES TIPP

Machen Sie die Fotos bei bestem Wetter: blauer Himmel, Sonne und ein paar kleine Wolken. Auch innen sieht es bei Sonnenschein noch viel schöner aus!

HAUSTIERE

Haustiere sind für viele von uns geliebte Familienmitglieder. Sie tun uns einfach gut. Leider sind sie nicht gut für einen Hausverkauf. Über die Hälfte der Hauskäufer lehnen Haustiere komplett ab, viele leiden unter Allergien, andere haben Angst. Fast niemand möchte zudem bei einer Besichtigung Hunde- oder Katzenhaare auf die Kleidung bekommen. Können Sie es sich leisten, alle diese Käufergruppen – mehr als die Hälfte – zu verlieren? Sicher nicht. Wie gehen wir also mit unseren Lieblingen um, während wir unser Haus verkaufen?

DAS IST ZU TUN

Bringen Sie Ihre Haustiere vor jeder Besichtigung bei einem Nachbarn oder Freund unter oder organisieren Sie einen langen Spaziergang für Ihren Liebling. Die meisten Tiere wären ohnehin durch fremde Personen, die überall durchlaufen, sehr gestresst.

Bringen Sie auch Hamster, Vögel, Kaninchen, Hausmäuse ausserhalb des Hauses unter. Sie sind für einen Großteil der Käufer in Räumen wie Küchen, Schlafzimmern, Kinderzimmern, Bädern, Wäscheräumen extrem unhygienisch und höchstens in einem geschlossenen Käfig im Garten akzeptabel.

Tinas Katze Kitty

Baden Sie Ihren Hund während der Verkaufsphase regelmässig, waschen Sie den Korb oder die Decke, reinigen Sie die Käfige und Katzenklos. Wir alle lieben unsere Haustiere mit ihrem eigenen Geruch – andere tun es nicht! Und einige sind der Überzeugung, dass dieser Geruch nie weggeht. Glauben Sie uns!

Entfernen Sie vor Besichtigungen alle Katzen- und Hundekörbe sowie Näpfe, Spielzeuge, Kratzbäume, offen stehendes Futter. Wenn der Käufer durch Ihr Haus geht, soll er nicht darüber nachdenken, ob denn das Haustier im Schlafzimmer schläft oder während des Essens in die Küche darf. Sogar noch mehr: er soll gar nicht bemerken, dass überhaupt ein Tier in Ihrem Haushalt lebt. So entstehen erst gar keine Gefühle zum Thema.

Iris Hund Tessa mit Freund Rudi

Sie weigern sich strikt, auch nur einen dieser Punkte umzusetzen? Ihr Liebling ist ein Familienmitglied und wohnt schließlich genauso im Haus wie alle Menschen auch? Wir können Sie gut verstehen, denn wir besitzen alle selber Hunde oder Katzen und hatten sie auch während jedes Hausverkaufes. Es ist schwer das eigene Tier scheinbar zu „verleugnen", aber angesichts aller erwähnten Gründe extrem verkaufsförderlich. Es handelt sich ja hier nur um die Besichtigungen. Denken Sie daran: je schneller Sie einen Käufer finden, je schneller ist es vorbei!

Wiebkes Katze Dita

IRIS TIPP

Um mir unnötiges Putzen zu ersparen, habe ich in meinen Immobilien für meine Lieblinge „no go" Zonen errichtet. Nachdem ich gründlich geputzt hatte und alles „haarfrei" war, blieben bestimmte Türen einfach geschlossen.

WIEBKES TIPP

Wohin mit dem Korb, Näpfen, Leine, Spielzeuge etc. des Tieres? Besorgen Sie sich einen oder mehrere Umzugskartons. Dort kommt alles vor einer Besichtigung rein und wird in der Garage, im Keller oder auf dem Dachboden gelagert.

ALTE MÖBEL

Sie haben das Haus Ihrer Eltern oder Großeltern geerbt. Jetzt fragen Sie sich, was Sie tun sollten: es so verkaufen wie es ist und immer schon war? Auf keinen Fall! Lieber ganz leer räumen? Auch nicht! Behandeln Sie ein unbewohntes Haus nach genau den gleichen Gesichtspunkten wie ein bewohntes Haus, das Sie verkaufen wollen. Sonst verlangen Sie vom Käufer, dass er über alte Möbel, persönliche Gegenstände, die Atmosphäre und Gerüche hinwegsieht und sich trotzdem dabei in das Haus verliebt. Unsere Erfahrung zeigt: Das passiert so selten, wie die Nadel im Heuhaufen zu finden.

DAS IST ZU TUN

Arbeiten Sie alle Punkte dieses Kapitels durch – Zimmer für Zimmer.

Seien Sie besonders bei den Punkten „Platz!" und „Entpersonalisierung!" konsequent. Verschenken, spenden und entrümpeln Sie. Glauben Sie nicht, dass der zukünftige Käufer etwas davon haben möchte. Wir versprechen Ihnen: das will er nicht!

Alle Möbel, die dreckig, zerrissen, kaputt oder muffig sind, müssen raus (gilt auch für neue, moderne Häuser).

Gardinen – die muffig, alt, vergilbt sind oder zuviel Licht blocken, müssen aus dem Haus. Wenn niemand in der Immobilie wohnt, gibt es ohnehin kein Problem mit der Privatsphäre.

Behalten Sie neutrale Essstühle und einen Esstisch, eine Sitzgruppe für den Garten, Pflanzen und vielleicht den einen oder anderen Beistelltisch oder eine Lampe.

Lassen Sie eine vorhandene Einbauküche im Haus. Räumen Sie diese leer und reinigen Sie sehr gründlich. Nur wenn „nichts mehr zu retten ist", sollte sie entfernt werden.

Tauschen Sie altmodische, vergilbte Spiegelschränke im Bad gegen einfache Spiegel!

Ist das Haus schon leer? Leihen Sie sich fehlende Dinge von Freunden, Ihrer Familie, aus Ihren eigenen Beständen oder kaufen Sie einige strategische Stücke. Wenn sich das Haus schnell und zum bestmöglichen Preis verkauft, sind solche Investitionen, unserer Erfahrung nach, sehr lohnend gewesen.

Nicht überzeugt? Besichtigen Sie einmal ein fremdes Haus des gleichen Baujahrs. Fragen Sie sich dabei, ob Sie sich vorstellen können, dieses gegen Ihr gegenwärtiges Zuhause einzutauschen. Eher nicht? Genauso geht es 90% aller Käufer. Wollen Sie auf die verzichten? Also: Stagen Sie mit aller Kraft und bringen Sie frischen Wind in Ihre (geerbte) Immobilie!

Hier kam ein überflüssiges Sofa aus dem Wohnzimmer im Schlafzimmer, als Rückzugsoase, wieder zum Einsatz.

VORHER

NACHHER

▶ AUF EINEN BLICK:

HOME STAGING ÜBERZEUGT IM DETAIL!

1. EINDRUCK: Home Staging sorgt für einen positiven Eindruck und zwar schon in den ersten 30 Sekunden!

Home Staging beginnt vor der Haustür – auch mit den sauberen Wegen zum Haus.

LICHT: Sorgen Sie für maximales Licht – mit angeschalteten Lampen und allem Tageslicht, das die sauberen Fenster hergeben!

FARBE: Nutzen Sie dezente Farbtöne für die Wände und niemals mehr als zwei bis drei Farben für Akzente in der Raumdekoration – und das in der ganzen Immobilie!

ORDNUNG: Ordnung ist die Rahmenbedingung dafür, dass sich Käufer unabgelenkt Ihrer Immobilie widmen können.

PLATZ: Schaffen Sie Platz und Freiräume durch konsequentes Reduzieren der Einrichtung. So zeigt Ihre Immobilie neue Größe!

SAUBERKEIT: Präsentieren Sie Haus oder Wohnung ausschließlich piccobello sauber. Machen Sie den Frühjahrsputz Ihres Lebens!

DUFT: Nutzen Sie positive Düfte, wie Kaffee- oder Kuchenduft. Lüften Sie vor Besichtigungen ausreichend – nutzen Sie die frische Luft!

DEKO: Entpersonalisieren Sie Ihr Haus – so wird es erfolgreich zum „Haus auf dem Markt" und damit interessant für jeden Käufer.

GARTEN & CO: Was zeigen die Fenster? Gepflegte Gärten, Balkone und Terrassen, die Lust machen auf herrliche Sommertage im, für den Käufer, neuen Zuhause.

HAUSTIERE: Haustiere müssen, bei aller Liebe, vor Besichtigungen das Haus verlassen – samt Zubehör wie Näpfen, Körben, Spielzeug und Käfigen.

MÖBLIEREN: Zeigen Sie das Potential Ihrer vorher leeren Immobilie mit gezielter Möblierung! So kann der Käufer im Gedanken schon einziehen!

ALTE MÖBEL: Ein altes Haus braucht frischen Wind, den Sie mit viel Licht, Sauberkeit und einer auf die Käuferzielgruppe gezielten Möblierung schnell schaffen können!

3 DREI VERSCHIEDENE IMMOBILIENTYPEN!

DIE GEERBTE IMMOBILIE

Eine geerbte Immobilie ist immer ein ganz spezieller Fall: die Immobilie ist oft jahrzehntelang bewohnt worden und sie steht voll mit Möbeln und Dingen, die viele Erinnerungen und Emotionen auslösen. Aber vom leer sein wird sie nicht besser. Damit sich z. B. junge Leute vorstellen können hier zu leben, muss einiges geschehen, denn die „Generation Enkel" wird sonst nur sehr schwierig einen Zugang zu dem Haus bekommen und ansonsten schnell denken: „Ich will doch nicht im Haus meiner Oma wohnen."

DAS IST ZU TUN

Räumen Sie alle persönlichen Dinge, z. B. Kleidung, Fotos, Hygieneartikel wie Zahnbürsten, Shampoo, Haar- und Körperbürsten, Medikamente, Pflegeprodukte komplett raus – ganz besonders aus dem Bad und den Schlafzimmern.

Räumen Sie alle noch vorhandenen Lebensmittel aus der Küche und eventuellen Vorratsräumen.

Räumen Sie alle Dinge weg, wie z. B. die „drei Mixer aus vier Jahrzehnten" und die Ansammlung von Staubsaugern die „zu gut sind, um sie weg zu tun", verrostete alte Fahrräder, Werkzeuge etc.

Leeren Sie Dachböden, Kellerräume und Abstellräume, sowie noch genutzte Wohnräume komplett von „Omas Schätzen". So bekommt der potentielle Käufer ein besseres Gefühl für den vorhandenen Platz.

Achten Sie besonders bei den vorhandenen Möbeln, Gardinen, Kissen, Bettwäsche und Teppichen, aber auch Dingen wie Büchern, Fotoalben und Zeitschriften auf den Geruch. Riechen diese eventuell muffig? Dann müssen sie raus. Ein Haus, das nach „alten Leuten" riecht, wird nur sehr schwierig einen Käufer finden (mehr dazu im Kapitel „Duft" ab Seite 61).

Gibt es Fotos? Nehmen Sie alle Bilder mit Familien- oder religiösen Motiven ab, sowie Bilder die sehr dunkel sind oder nicht zeitgemäße Motive zeigen.

Checken Sie die vorhandenen Lampen. Sind diese alt und geben nur sehr wenig Licht? Oder verhindern verstaubte Lampenschirme, dass das Licht durchkommt? Dann müssen diese ersetzt werden. Licht ist für einen Verkauf extrem wichtig und hier wäre der falsche Ort zu sparen (mehr dazu im Kapitel „Licht" ab Seite 28).

Überprüfen Sie jetzt die Wände. Reicht es, diese abzusaugen oder abzuwischen? Streichen Sie überall dort, wo es viele Ränder gibt und mindestens auch dort, wo diese „schmuddelig oder dreckig" wirken.

Sind noch Möbel übrig geblieben? Nutzen Sie diese und mischen Sie sie eventuell mit einigen modernen Stücken. Dieses können auch Lampen, Dekorationen oder z. B. Bilder sein. Tipps hierzu in unseren Fotobeispielen und im Kapitel „Alte Möbel" ab Seite 81. Achten Sie aber darauf, dass nicht zu große oder zu viele Möbel ein Gefühl von Enge vermitteln.

HOME STAGING SCHAFFT DAS FÜR MICH:

Das alles klingt nach extrem viel Arbeit und schon der Gedanke daran überwältigt Sie? Dann holen Sie sich, auch schon zum Aufräumen, Hilfe von einem professionellen Home Stager. Die packen mit an und kennen gute Adressen, wo Sie mit gut erhaltenen Dingen noch Gutes tun können.

WIEBKES ERFAHRUNG

Geerbte Immobilien sind immer mit viel Fingerspitzengefühl zu behandeln. In dieser Wohnung fühlte sich eine Dame jahrelang sehr wohl, hat viele schöne Möbel gekauft, Andenken aus dem Urlaub gesammelt und ihren eigenen Stil verwirklicht. Jetzt ging es aber darum, die nächste Generation anzusprechen, denn die Zielgruppe 60+ kauft sich keine Dachwohnung mehr.

Junge Leute tun sich schwer mit massiven Möbeln, Gardinen und Sammeltellern. Diese Schätze mussten also alle weichen. Schön ist es immer, wenn sich für das eine oder andere gute Stück noch ein dankbarer Abnehmer, wie ein Sozialkaufhaus oder ähnliches findet. Einige Gegenstände, wie die Polstergruppe, konnten sogar weiterverwendet werden und passten sich dem neuen Stil an. Alle anderen Möbel kamen als Mietmöbel hinzu und brachten frischen Wind herein. Nach dem Home Staging wirkte die Wohnung um einige Quadratmeter größer, frischer und fand in wenigen Wochen einen neuen Käufer.

VORHER

NACHHER

In diesem Haus konnten wir ganz viele vorhandene Möbel übernehmen. Zugegeben: ein bisschen Übung gehört schon dazu, das Potenzial von Dingen zu erkennen. Aber mit der richtigen Ergänzung schafft man mit dem alten Schreibtisch, Sofa und der Essgruppe durchaus moderne Räume.

VORHER

NACHHER

WIEBKES TIPP

Den Erben fällt es oft sehr schwer, sich von Dingen zu trennen oder sie wegzuwerfen. Hier sollte man tief durchatmen und es trotzdem zügig in Angriff nehmen – oder man sucht sich Hilfe, die emotional unbeteiligt ist. Alles, was noch eine Geschichte des letzten Bewohners erzählt, sollte entfernt werden. So haben Interessenten die Möglichkeit, sich ihr eigenes Leben in den alten Wänden vorzustellen.

IRIS ERFAHRUNG

Bei dieser Immobilie sprach mich die Tochter der Besitzerin an. Sie war in dem Haus groß geworden und auch die Enkelkinder hatten viel Zeit mit ihrer Großmutter dort verbracht. Das Trennen fiel schwer, aber leer stehen bleiben sollte das Haus nicht und laufende Kosten gab es auch.

Der Verkäuferin war gleich klar: So wie das Haus im aktuellen Zustand war, würde es lange dauern bis sich eine junge Familie darin wiederfindet. Ihr Makler hatte schon seit über drei Jahren gute Erfahrungen mit Home Staging machen können. Auch sie war schnell von der Effektivität überzeugt.

Die Kosten konnten gesenkt werden, weil der Ehemann Feuerwehrmann ist und gemeinsam mit den Kollegen das gesamte Haus leer räumte. Die Frauen reinigten Zimmer für Zimmer. Das Ganze fand in Partystimmung statt und das Ergebnis wurde mit einem Grillabend gefeiert.

Doch nicht bevor ich alles, was noch für das Home Staging zu gebrauchen war, rettete. Die Verkäuferin schlug ihrer Tochter vor, doch gemeinsam mit der Kusine einen „Entrümplungs-Verkauf" zu veranstalten. So bekam manches gute Stück noch einen neuen Besitzer.

Alles was ich jetzt noch zu tun hatte, war einige Räume mit stark gemusterten Tapeten zu streichen und das Haus zu stagen.

Der Makler verkaufte nach dem Home Staging schnell und zu einem für die Verkäufer sehr zufriedenstellenden Preis, so dass alle glücklich waren. Und bei den Nachbarn hat sich der Erfolg auch herumgesprochen, so dass ich während meiner Arbeiten gleich zwei Gespräche für zukünftige Projekte führen konnte.

ORHER

NACHHER

ORHER

NACHHER

ORHER

NACHHER

ORHER

NACHHER

DIE LEERE IMMOBILIE

Gründe warum eine Immobilie leer, also unmöbliert angeboten wird, gibt es viele. Manchmal ist sie gerade erst fertiggestellt worden und es fehlen sogar noch Bodenbeläge. Oder es wurde bisher vermietet, nun ist aber ein Verkauf erwünscht und der bisherige Mieter war nicht kaufinteressiert und ist ausgezogen. Oder ein Bekannter oder der Makler riet dazu, „Omas Haus" einfach erst einmal leer zu räumen.

So vielfältig die Gründe dafür sind, eines haben diese Immobilien gemeinsam: Sie haben keinen Wohlfühlfaktor.

Denn in neuen Immobilien strahlen Kabel, die aus den Wänden und Decken hängen, „Hallenatmosphäre" aus. In bisher bewohnten Räumen sieht man leer leider oft erst recht Ränder von Bildern oder Möbeln. Auch Gerüche und das Gefühl von Feuchtigkeit sind häufig vorhanden.

In leeren Räumen fällt es dem Großteil der Käufer enorm schwer einen Bezug zur Raumgröße zu bekommen. Passen die eigenen Möbel rein oder nicht? Obendrein muss er entscheiden: Welcher Raum soll als was genutzt werden? Er muss also während der Besichtigung richtig „mitarbeiten". Möblierte Räume dagegen zeigen eine Funktion und die darin vorhandenen Gegenstände geben eine Relation zur Grösse. Sie machen es dem Kaufinteressenten einfach leichter, sich vorzustellen in der Immobilie zu leben.

Außerdem bleiben möblierte Räume aus genau diesen Gründen besser in Erinnerung.

DAS IST ZU TUN

- Möblieren Sie jeden Raum so, dass er eine klare Funktion (wie z. B. Wohnzimmer, Schlafzimmer) zeigt.

- Möblieren Sie alle Räume so, wie in Kapitel „Home Staging Zimmer für Zimmer" beschrieben (ab Seite 127).

- Kleiderschränke, Schrankwände oder „echte" Fernseher sind nicht notwendig. Es sollte aber ein Platz dafür gelassen werden, der offensichtlich dafür genutzt werden könnte.

- Alle Räume sollten maximal 80% möbliert sein.

- Möblieren Sie so, dass der Käufer durch die Möbel die schönste Seite des Raumes entdeckt. Das kann z. B. ein schöner Ausblick oder ein Kamin sein.

- Möbel dürfen keine Zugänge zu Terrassen oder Balkone zustellen.

- Die Nutzung von Türen und Fenstern darf nicht eingeschränkt oder gar blockiert werden.

- Es muss möglich sein, sich frei durch alle Räume zu bewegen. Auch wenn sich mehrere Personen gleichzeitig in einem Raum befinden. Denken Sie daran, dass bei einer Besichtigung häufig vier oder mehr Personen plus Makler durch die Räume laufen.

- Möblieren Sie auch kleine Räume. Gerade die zeigen dann ihr ganzes Potential und wirken größer – nicht kleiner wie häufig angenommen.

- Stellen Sie Möbel so auf, dass der Käufer nicht direkt beim ersten Blick auf die Rücken der Möbel sieht.

- Achten Sie in allen Räumen auf gute Beleuchtung (lesen Sie hierzu mehr unter „Licht" ab Seite 28).

Einige Gardinen und Teppiche geben gerade in den kalten Jahreszeiten ein Gefühl von Wärme und Geborgenheit.

Teppiche ziehen die einzelnen Möbel zu einer Gruppe zusammen. Dies ist besonders in großen Räumen wichtig, damit es kein Gefühl von „Verlorenheit" gibt.

Farblich abgestimmte Accessoires sorgen für den Wohlfühlfaktor. In leeren Immobilien ist es leichter als in bewohnten, mit der Dekoration einen roten Faden durchs ganze Objekt zu führen. Setzen Sie in diesen Räumen sparsam Highlights ein. Entscheiden Sie sich für eine Hauptfarbe, die sich durch alle Räume zieht. Übertreiben Sie es nicht mit der Anzahl der Accessoires. Es handelt sich nicht um Home Styling (siehe dazu auch Kapitel „Farbe" ab Seite 36).

Sind die Wände und Böden gereinigt und gepflegt? Sind die Lichtschalter, Steckdosen und Fensterbänke sauber? Wenn nicht, streichen und putzen oder wechseln Sie diese aus. Wie in allen Immobilientypen ist Sauberkeit Trumpf und absolut notwendig.

HOME STAGING SCHAFFT DAS FÜR MICH

Sie fragen sich, ob das alles wirklich die Investition wert ist? Die genannten Gründe sprechen für sich. Stellen Sie sich vor, wie die Fotos Ihrer leeren Räume im Internet oder auf dem Exposé aussehen würden. Und jetzt stellen Sie sich in die Schuhe eines Suchenden. Wirken die Fotos von (Ihren) leeren Räumen einladend und Interesse weckend? Unsere Erfahrung zeigt: Viele Kaufinteressenten verlieren sofort Interesse und klicken gleich weiter, wenn sie nichts sehen, das ihnen gefällt. Und die wollen Sie doch nicht alle verlieren, oder?

WIEBKES TIPP

Überprüfen Sie Ihren fertigen Raum, indem Sie sich in den Türrahmen stellen. So sieht und erlebt der Käufer den Raum das allererste Mal. Sieht er einen stimmigen harmonischen Raum? Noch einfacher wäre es für Sie, wenn Sie aus diesem Blickwinkel ein Foto machen würden. In der zweidimensionalen Betrachtung fallen gute und schlechte Seiten noch stärker ins Auge.

VORHER

IRIS TIPP

Es fehlen Ihnen Möbel? Fragen Sie bei Ihren Eltern, Verwandten, Bekannten und Freunden nach. Sie werden sich wundern was alles noch gelagert wird, weil etwas Neues gekauft wurde und das Alte „zu gut zum Wegwerfen" ist. Fehlende Deko und Lampen? Nutzen Sie Dinge aus Ihrem eigenen Haus. Einige wenige Wochen geht es meistens auch mit weniger.

NACHHER

VORHER
OBI

NACHHER

TINAS TIPP

Nutzen Sie das Angebot eines professionellen Home Stagers vor Ort. Die bringen Möbel und alles sonst Notwendige mit. Anbieter finden Sie unter:

http://www.dghr-info.de/anbieter_finden/anbieter_finden_bundeslaender.php

Ihnen fehlen nur passend dekorative Bilder für die Wände? Ich arbeite mit einem Kunstverleih zusammen: www.littlevangogh.de.

DIE BEWOHNTE IMMOBILIE

Professionelle Home Stager hören oft: „Ich kann mir das Ganze ja in leeren oder unbewohnten Immobilien vorstellen, aber ich lebe ja hier noch und meine Kinder auch. Das Haus muss für uns weiter funktionieren, wir müssen ja schließlich zur Arbeit, Schule etc." Das stimmt. Zugegeben, es ist nicht einfach in einer gestageten Immobilie zu leben. Es ist ein bisschen wie in einem Möbelhaus zu leben – fast wie im Schaufenster! Ist es trotzdem die Sache wert? Fragen Sie sich: Wollen Sie weiter planen können? Wie viele Samstage möchten Sie auf Interessenten warten und Ihre Immobilie zeigen? Oder möchten Sie, dass die Besichtigungen schnellstmöglich vorbei sind, Sie einen Käufer haben und Sie wissen, wie und wann es weiter geht? Dann ist Home Staging Ihr Erfolgsrezept.

Wir haben immer wieder erlebt, dass schon nach wenigen Besichtigungen ein oder sogar mehrere Kaufinteressenten gefunden waren. Sobald der Kaufvertrag unterzeichnet ist, können Sie die Immobilie weiter so nutzen wie bisher oder auch nicht. Vielleicht sind manche Dinge schöner geworden oder Sie

ziehen schon aus. Die Erfahrungen zeigen: Home Staging reduziert die Anzahl der Besichtigungen durchschnittlich mindestens um die Hälfte. Wie im Vorwort beschrieben: Sind die Kaufinteressenten, die ihr Portemonnaie öffnen sollen, nicht ein wenig Mühe und Unbequemlichkeit wert? Erfahrungsgemäss zahlen wir für ein Auto, das professionell aufbereitet wurde einen höheren Preis. Genauso auch bei schön kombinierten Kleidern im Schaufenster. Immobilien sind da keine Ausnahme. Wären zwei Kaufinteressenten, die beide unbedingt in Ihrer Immobilie leben wollen und sich deshalb im Preis gegenseitig überbieten, diese Mühe wert?

DAS IST ZU TUN

Packen Sie schon mal ein! Packen Sie alles was nicht zur aktuellen Jahreszeit passt in Umzugskisten und lagern Sie diese möglichst außerhalb der Immobilie ein. Sie wollen ja sowieso umziehen und diese Arbeit wird das Platzgefühl im Haus enorm vergrössern. Hiermit meinen wir Kleidung, Sportgeräte (z. B. Ski, Schlitten etc.), Gartengeräte, Decken, Bettwäsche usw.

Am Ende muss so viel raus, dass nichts auf oder unter den Schränken oder Betten liegt und die Schränke maximal 80% gefüllt sind. Überquellende Schränke geben dem Käufer sofort das Gefühl, dass im Haus nicht genügend Platz ist.

Prüfen Sie alle Schränke (von der Küche zum Bad bis zum Kleiderschrank). Gibt es etwas was Sie sowieso nicht mehr nutzen? Dann raus damit. Vielleicht können Sie es spenden (mehr Tipps zu Aufräumen im Kapitel „Ordnung" ab Seite 46). Denken Sie daran: je weniger im Haus ist, je weniger muss vor Besichtigungen aufgeräumt werden!

Putzen Sie an einem Tag das ganze Haus aufs Gründlichste. Machen Sie eine Familienaktion daraus, teilen Sie die Arbeit auf und belohnen Sie sich am Ende mit einem gemeinsamen Restaurant- oder Kinobesuch.

Entscheiden Sie, ob Sie wirklich alle Räume weiter benutzen müssen. Bestimmte „no go" Zonen verringern die Arbeit vor einer Besichtigung.

Richten Sie alle Räume „besichtigungsfertig" her. Fotografieren Sie alles und drucken Sie die Fotos aus. Wenn diese zur Hand sind, ist alles viel schneller wieder optimal hergerichtet.

Suchen Sie sich einen Ort von dem Sie, besonders im Badezimmer, die Benutzerhandtücher schnell gegen die Badezimmerdekorationen,

Besichtigungshandtücher und -teppiche austauschen können (mehr dazu in Kapitel „Bad" ab Seite 144). Bewahren Sie hier auch Reinigungsmittel und -lappen für das schnelle Putzen im Bad auf.

Während des Besichtigungszeitraums: Machen Sie jeden Morgen Ihr Bett, waschen Sie zügig nach dem Essen ab und saugen Sie regelmässig durch. Entsorgen Sie auch Altpapier und -glas umgehend und bringen Sie Pfandflaschen bei jedem Einkauf sofort zurück. Jetzt ist nicht die Zeit, wertvollen Platz im Haus optisch unnötig zuzustellen.

Unsere Erfahrung zeigt: es kommt immer wieder zu spontanen Besichtigungen und nachdem der Kaufinteressent die schönen Fotos Ihrer Immobilie gesehen hat, wollen Sie ihn sicher „live" nicht enttäuschen, oder?

HOME STAGING SCHAFFT DAS FÜR MICH

Mit guter Organisation lässt sich der Besichtigungszeitraum gut überleben. Ist es die Sache wert? Sprechen die genannten Gründe dafür? Entscheiden Sie: Sind die Kaufinteressenten es wert? Und: Ist es Ihre Immobilie wert?

Das Bügelbrett verschwindet.

Ein Essbereich wird sichtbar.

VORHER

NACHHER

TINAS TIPP

Haben Sie gewusst? Unser Gehirn liebt einfache Strukturen, weil sie schnell zu verarbeiten sind. Zu viele Dinge in allen Räumen überlasten das Interessenten-Gehirn: Er wird nicht zum Käufer.

VORHER

WIEBKES TIPP

Sie haben eine Besichtigung am Wochenende? Backen Sie einen Kuchen so, dass er erst kurz vorher fertig ist. So versetzen Sie den Käufer sofort in eine entspannte Stimmung (siehe auch Kapitel „Duft" ab Seite 61 und das leckere Kuchenrezept auf Seite 64).

NACHHER

Eine Tagesdecke lässt das Zimmer sofort aufgeräumt und weniger persönlich wirken.

4 PRAXISBEISPIELE

STAGING MIT MINI-BUDGET: GEHT DOCH!

WIEBKES GESCHICHTE

2009 arbeitete ich noch als Innenarchitektin. Meine zukünftige Schwiegermutter war gerade aus dem ländlichen Vorort zurück in die Stadt gezogen.

Die neue Wohnung hatte sie schnell gefunden – das alte Reihenhaus ließ sich aber nicht so einfach verkaufen. Mittlerweile war es schon über ein halbes Jahr auf dem Markt und es kamen einfach keine Interessenten, die es haben wollten.

Zufällig stolperte meine Mutter über den Artikel eines deutschen Journalisten, der in den USA sein Haus verkaufen wollte und den Aufwand beschrieb, der dort getrieben wurde, um Immobilien unter dem Stichwort „Home Staging" richtig in Szene zu setzen.

Da wurden vorhandene Möbel eingelagert und durch moderne ersetzt, Kleiderschränke wurden durchstrukturiert, sogar ganze Vorgärten umgemodelt. Alles, um einen „das will ich haben"-Effekt beim Interessenten zu erzeugen.

Manche Aktionen erschienen mir überaus amerikanisch, aber dass ein Haus mit einer ansprechenden Möblierung, Beleuchtung und Dekoration den potenziellen Käufer mehr anspricht als eine leere Immobilie mit Glühbirne an der Decke und Spinne in der Ecke, konnte ich sehr gut nachvollziehen.

Es war auf jeden Fall einen Versuch wert und so machte ich mich schlau, was genau hinter dem Begriff „Home Staging" steckt und begann zu planen.

Das leere Haus war gar nicht so richtig leer – einige Möbel, die keiner haben, aber auch noch keiner entsorgen wollte, standen immer noch herum. So fanden sich ein kleiner Esstisch, zwei Sessel, Couchtisch, Spiegel und eine Stehlampe.

Meine eigene Wohnung gab auch noch einige Schätze preis. Da das aber für ein ganzes Haus noch immer etwas dürftig war, kratzten wir ein Budget von 400 Euro zusammen, von dem noch das eine oder andere gekauft werden sollte.

In diesem Fall waren das zum Beispiel auch Wandfarben, da sich natürlich nach dem Abhängen der Bilder, die jahrzehntelang an derselben Stelle hingen, dunkle Ränder zeigten. Außerdem kam hinter manchem Schrank ein lustiger Tapetenmix zutage, der ebenfalls signalisierte, wie viel Arbeit in einem solchen Haus noch steckt.

Da die meisten Käufer am liebsten ohne große Baustellen direkt in ein Haus einziehen möchten, schien es sinnvoll, auch die kleinen Reparaturen und Malerarbeiten durchzuführen.

Es machte natürlich einen Riesenspaß, mit dem Geld durch die einschlägigen Läden zu laufen und entsprechend einzukaufen.

Mittlerweile wusste ich ja auch, dass ich ein Farbschema beachten musste. Da es ein türkisfarbenes Bad gab, wir uns aber gerade dem Winter näherten, entschied ich mich für ein komplementäres Farbschema und damit für einen warmen Orangeton als Ergänzung. Es landeten also Blumen, Handtücher, Bilder, Lampenschirme usw. in den beiden Farben in meinem Korb. Da das Haus mit seinem vielen Holz (in Boden, Kamin und Türrahmen) ein wenig altbacken daherkam, suchte ich noch Kerzenständer, Becher und Lampenfüße in Silber aus, um einen modernen Ausgleich zu schaffen.

Dann ging es los: Ich stopfte mein Auto mit allem voll was ich organisiert hatte, packte noch Werkzeug dazu und verbrachte die nächsten Tage mit dem Arrangieren der Möbel, Beleuchtung und Deko. Glücklicherweise bin ich in der Lage, auch Deckenleuchten selbst anzuschließen – und davon benötigte das recht dunkle Haus eine ganze Menge, um auch noch am frühen Abend großzügig hell zu erscheinen.

Das Wohnzimmer war eine Herausforderung, die übernommenen Sessel waren auf den Sitzflächen verschlissen. Ich spannte einen neutralen hellen Stoff darauf und dekorierte eine Sitzgruppe mit altem Couchtisch und neuer Leuchte.
Der Kamin nebenan wurde farblich mit einbezogen. Ich brauchte viele Versuche, bis alles richtig platziert war...

Der alte Esstisch hatte auch schon bessere Tage gesehen – ich hatte ihn aus dem Keller gerettet, wo er als Pflanztisch diente. Mit einem Tischläufer, ein paar Müslischalen mit passenden roten Linsen und Kerzenleuchtern, sowie meinen Balkonstühlen, gab er aber ein ganz ansehnliches Arrangement ab.

Einen tollen Effekt konnte ich mit den Spiegeln erreichen, die den Garten und die Leuchten vervielfachten.

Von Iris Houghton hatte ich einen Tipp bekommen, wie man ganz einfach ein Bett bauen kann. Dafür brauchte ich nun kein Lattenrost mit Matratze, sondern nur ein aufblasbares Gästebett und ein paar Kartons.

Mit einer Tagesdecke und ein paar Kissen versehen, einige kleine Spielereien, wie ein Modellboot und ein Bücherstapel – wurde aus dem kahlen Raum im Handumdrehen ein ganz gemütliches Kinderzimmer.

Das Bad war schnell fertig: ein paar Handtücher, frische Seife, glänzende Zahnputzbecher. Mit einigen natürlichen Accessoires wie Efeu, einem Bild mit Naturmotiven und einem Flechtkorb konnte ich den „Schwimmbadcharme" des blauen Badezimmers etwas auflockern.

Ich habe mehrere Tage an allen Zimmern gebastelt, bis man wirklich einen guten Gesamteindruck hatte. Alle Räume sollten sich optisch verbinden.

Es gab einige kreative Herausforderungen, wie das Anbringen von Gardinen ohne Stangen, dem Beziehen der Sesselpolster mit Tesafilm oder dem Anbringen eines Wandbords ohne einen Dübel. Aber es trotzdem irgendwie zu schaffen und zu sehen, dass auch andere das Ergebnis toll finden – das macht wirklich stolz und glücklich!

Im Nachhinein weiß ich, dass nicht alles optimal war – die beiden Sessel im Wohnzimmer sind in ihren Proportionen viel zu klein für den großen Raum, die grüne Tapete im Arbeitszimmer habe ich in meinem Farbschema gar nicht beachtet.

Aber trotzdem: das Haus zeigte sich nach meinem Staging viel ansprechender und mit viel mehr Atmosphäre. Und dass das Home Staging funktioniert, merkten wir ein paar Wochen später, als wir endlich einen Käufer fanden, der uns sagte: „Wir haben schon so viele Häuser angeschaut, aber dieses hier war wirklich anders. Wir kamen herein und fühlten uns wohl. Wäre es leer gewesen, hätten wir es wahrscheinlich nicht gekauft".

1-TAGES KUR FÜR EILIGE

WAS EIN TAG AUSMACHEN KANN...

IRIS GESCHICHTE

Eines Tages bekam ich einen Anruf. Der Anrufer wollte wissen ob es wahr wäre, dass man mit Home Staging seinen Wunschpreis für eine Immobilie erreichen könne? Ich sagte ihm, dass wäre wunderbar, ist aber abhängig von seinem Wunschpreis, denn eventuell würde er ja Millionen für sein Haus wünschen. Er lachte und wir waren uns schnell einig, dass eine Besichtigung zur Klärung führen würde, ob Home Staging für ihn die richtige Lösung sein könnte.

Die Besichtigung ergab, dass das Haus in so guter Verfassung war, dass im Team mit den Besitzern das Haus in einem einzigen Tag gestaget werden konnte. Alles was notwendig war, war aus- und aufzuräumen, ein harmonisches Farbschema zu entwickeln und das Haus zu entpersonalisieren, sprich es so herzurichten, dass sich die möglichste größte Gruppe der Kaufinteressenten vorstellen konnte, selbst in diesem Haus zu leben.

Das gewünschte Ziel war ein möglichst hoher Preis. Schnell sollte es auch gehen, denn das Haus gehörte einem Paar, das nun getrennte Wege ging und ihr jeweiliges eigenes Leben beginnen wollte. Also ging ich an die Arbeit.

Bei einem 1-Tages-Staging ist gute Organisation eine der wichtigsten Vorbereitungen, z. B.: Wo sollen die „überflüssigen" Dinge gelagert werden? Es war klar: es sollte nicht in der Immobilie sein, denn die soll so luftig wie möglich werden. Was muss eventuell mitgebracht werden? Bei bewohnten Immobilien brauchen wir Tagesdecken für jedes Bett, neue, noch unbenutzte Handtücher, Seife und frisches Obst oder Kräuter für die Küche sind immer verkaufsfördernd.

Als Nächstes suchte ich nach einem Farbschema. Zunächst fragte ich mich: Was ist bereits vorhanden? Was wird auf jeden Fall benötigt? Und was konnte nicht verändert werden? Welche Farben hatten z. B. die Bäder? Ich entdeckte schnell, dass die Bäder wunderbar neutral waren und ansonsten einiges an blauem Dekomaterial und Bildern vorhanden war. Auch einige Schieberollos waren blau sowie ganz besonders auch das Sofa. Da die Gardinen im Wohnzimmer blau und orange waren, war das Farbschema für das ganze Haus schnell gefunden, sozusagen vorgegeben: complimentäres Blau und Orange.

VORHER

NACHHER

VORHER

NACHHER

VORHER

NACHHER

VORHER

NACHHER

Übrigens: Wir professionellen Home Stager bekommen immer wieder die Frage gestellt, warum ein Farbschema durch das ganze Haus gezogen werden müsste? Der Grund dafür ist, dass dadurch eine Stimmigkeit in der Immobilie erzeugt wird, in der sich Kaufinteressenten einfach wohlfühlen.

Eine weitere Herausforderung beim Home Staging ist immer, möglichst viele Möbel, die aus Räumen herausgenommen werden, in anderen oder sogar leeren Räumen wieder zu nutzen. Dies war auch hier der Fall, da einer der Partner mittlerweile ausgezogen war und wir nun teilweise leere Räume hatten. Ich durchsuchte mit den Verkäufern Schränke und Abstellräume, brachte ein paar Dinge mit und das Eine oder Andere wurde aus schon gepackten Umzugskartons wieder herausgeholt. So konnten die Kosten minimal gehalten werden.

Die leeren Räume wurden so eingerichtet, dass sie alle wieder eine klare Raumfunktion bekamen, denn leere Räume, oder solche ohne Funktion, bedeuten in der Verkaufsphase wirklich „bares Geld auf dem Tisch liegen zu lassen". Leere Räume bleiben einem Kaufinteressenten nicht in Erinnerung, und wenn, dann häufig nur als „ach ja, da war ja noch ein Raum" statt: „Und oben war ein tolles Gästezimmer". So machten wir aus einem Bügelzimmer ein einladendes zusätzliches Schlafzimmer.

Da ein Partner während der Verkaufsphase schon in eine neue Immobilie umgezogen war, stageten wir die nun leeren Räume, indem alle eine Funktion bekamen. Fast alle dazu notwendigen Dinge waren schon im Haus vorhanden.

Ein einladener Eingang rundete die Arbeit ab. Jetzt wird ein potentieller Käufer mit einem Gefühl von viel Platz im Haus begrüßt.

Die Arbeit hat Spaß gemacht. Das Ergebnis für die Besitzer? Gegen alle Voraussagen: ein schneller Verkauf zum erhofften Traumpreis!!! Ein Tag Arbeit, der sich gelohnt hat.

STAGING EINER LEEREN IMMOBILIE:
TRISTESSE ODER WOHNTRAUM

TINAS GESCHICHTE

Nach Vermietung und Leerstand sollte nun für den anstehenden Verkauf aus dem vor sich hin vegetierenden Reiheneckhaus also ein einladendes Familiendomizil werden, das Herzen höher schlagen lässt.

Was tun? Genau, der Musterhaus-Effekt muss her! Ich weiß nicht, wie es Ihnen geht, aber bei mir kommt in leeren Räumen spontan kein Zuhause-Gefühl auf.

Um einen stimmigen Gesamteindruck zu vermitteln, so dass sich bei Kaufinteressenten ein „Wie für mich gemacht"-Gefühl einstellen kann, war zunächst passgenaue Konzeptarbeit nötig.

VORHER

NACHHER

VORHER

Ohne Staging – Tristesse.

NACHHER

Kinderzimmer im 1. OG

Im ersten Schritt habe ich gemeinsam mit dem eingeschalteten Makler die Zielgruppe definiert. Im vorliegenden Fall war das die junge Familie mit ein bis zwei Kindern. Entsprechend deren Bedürfnissen habe ich den Räumen eine Funktion zugeordnet. Was nur auf den ersten Blick ein Kinderspiel zu sein schien.

Im 1. Stock befinden sich, neben einem Bad, ein größeres und ein kleineres Zimmer. Ich bin selbst in einem Reihenhaus aufgewachsen und das größte Schlafzimmer bewohnten meine Eltern.

Fast wollte ich diese Aufteilung übernehmen, als mir bewusst wurde, dass Familien mit zwei Kindern bzw. einem Kind und bestehendem Kinderwunsch damit „ausgeschlossen" würden. Und wenn die Immobilie als zu klein für zwei Kinder erscheint, nachdem ich sie gestaget habe, hätte ich meinen Job nicht richtig gemacht. Das kam natürlich gar nicht in Frage, eine andere Raumaufteilung musste gefunden werden.

Das im 2. Stock liegende Zimmer würde zwar theoretisch als Elternschlafzimmer auch in Frage kommen, jedoch erinnerte ich mich, dass es mehr als unpraktisch ist, wenn ein Stockwerk zwischen dem eigenen und den Schlafzimmern von kleinen Kindern liegt.

Da das größere der beiden Zimmer im 1. Stock so groß ist, dass leicht zwei Kinder darin schlafen und spielen können, ja sogar der Grundriss und die Fenstersituation eine Aufteilung in zwei Zimmer erlaubt, habe ich mich dafür entschieden, das Elternschlafzimmer in den kleineren der beiden Räume zu verlegen.

Dachgeschoss

Um Kaufinteressenten zu zeigen, dass das Reihenhaus mitwachsen kann, also für ein Leben mit Kleinkindern genauso taugt wie mit Teenagern, habe ich das Dachgeschosszimmer so gestaltet, dass eine Nutzung sowohl als Schlaf-, Gäste- oder Arbeitszimmer vorstellbar ist.

Der zweite Arbeitsschritt verlangte die Festlegung eines Farbschemas für die ganze Immobilie, das sich durchzieht, um das Gefühl eines stimmigen Ganzen zu vermitteln.

BEI DER ERSTEN BESICHTIGUNG FAND ICH FOLGENDE GEGEBENHEITEN VOR:

Blaue Balkone

Rote Küche

Im EG: Dunkles Echtholz-Parkett

Im OG: Helles Laminat

Das Farbkonzept sollte all diese Farben (rot, türkis, blau, grau, hell- und dunkelbraun) aufgreifen und zusammenführen, denn die Küche war in guter Verfassung und es wäre falsch gewesen sie rauszureißen. Eine echte Meisterleistung war gefragt, denn Farben in dieser Kombination sind eigentlich zu kontrastreich und schon als Einzelfarben sehr dominant. Und im Trend lagen sie auch nicht gerade. Andere Farben hätten aber, dazu kombiniert, viel zu viel Unruhe geschaffen und sind aus diesem Grund von vornherein nicht in Frage gekommen. Als Lösung wählte ich einen angedeuteten maritimen „Look", mit viel Weiß und rot-blauen Akzenten sowie einem Hauch von Türkis.

Fußmatte im Farbschema aus Köln

Total glücklich war ich, als ich bei einer Reise, mit Umsteigen im Kölner Bahnhof, beim Shoppen während der Wartezeit eine Fußmatte fand, die genau in mein Farbschema passte – die Weiterreise fand mit einer riesigen Tüte statt.

Die gesamte Einrichtung konnte weitestgehend aus meinem Möbelbestand im Lager und aus Rückläufen abgedeckt werden – lediglich einige Accessoires habe ich neu gekauft. Übrigens im Urlaub in Portugal. Mein geduldiger Mann, der mich in allem unterstützt – und sei es noch so verrückt – hat beim Verladen tatkräftig mit angepackt.

Sie sehen, meine Projekte begleiten mich, egal wo ich gerade bin, bei Tag und bisweilen auch bei Nacht!

Sessel im Wohnzimmer aus Portugal

Home Stager sind immer im Einsatz – auch im Urlaub

Als nächstes stelle ich im Geiste alle Möbel an unterschiedlichste Stellen. Der richtige Platz ist dann gefunden, wenn Blickachsen und Laufwege frei sind und sich mit dem ersten Blick ab Zimmertür die Funktion erschließt.
Außerdem müssen die Größenverhältnisse von Möbeln zum Raum stimmen. Schränke in Schlafzimmern müssen nicht unbedingt sein, denn das Bett weist klar auf die Funktion des Raumes hin. Auch für alles andere gilt: Weniger ist mehr.

Um Ihnen einen Eindruck zu geben, was außer den Möbeln insgesamt nötig war, hier ein paar Zahlen:
11 Deckenleuchten, 7 Deckenfluter,
8 Tischleuchten, 7 Teppiche,
13 Kissen, 3 Tagesdecken,
9 Handtücher sowie 8 Bilder.

Zu zweit dauerte es einen ganzen (langen) Tag, die Ausstattung im Lager aufzuladen und im Objekt aufzubauen bzw. anzuschließen.

Die Fotos wurden übrigens für ein stimmungsvolles vierfarbiges Exposé, für die Einstellung des Hauses in die Immobilienportale im Internet sowie für Zeitungsanzeigen verwendet, die zu einer offenen Besichtigung eingeladen hatten.

5 DIE WICHTIGSTEN RÄUME: Home Staging Zimmer für Zimmer!

Alle nachfolgenden Zimmer sind wichtige Entscheidungsfaktoren für einen Käufer. Ihr Ziel: Mit Home Staging die Kaufinteressenten mit ihren Wohnwünschen „abzuholen“ – und das Zimmer für Zimmer

DER EINGANGSBEREICH / FLUR

Der Eingangsbereich ist der Ort, an dem sich der Käufer das erste Mal in der Immobilie befindet. Er ist eine Art Visitenkarte für Ihre Immobilie und damit ein Ort der neugierig machen soll. Da Interessenten schon nach wenigen Sekunden „im Bauch" entscheiden ob ihnen diese Immobilie gefällt, ist es sehr wichtig, diese Minuten positiv zu nutzen. Stagen Sie einen Eingangsbereich der sagt „ich will mehr sehen".

DAS IST ZU TUN FÜR EINEN PERFEKT GESTAGETEN EINGANGSBEREICH

Räumen Sie alles nicht absolut Notwendige, wie persönliche Dinge, Post, Spielzeug, Kinderfahrräder, Pflanzenständer etc. weg. Nicht notwendig sind übrigens mehr als eine Jacke pro Hausbewohner. Auch nicht notwendig sind irgendwelche Schuhe!

Räumen Sie alle Möbelstücke raus die nicht absolut notwendig sind und lagern Sie diese ein (siehe auch Tipp Seite 53). Denken Sie daran, dass dieses der erste Raum im Haus ist, den der Käufer sieht. Wirkt dieser schon eng und klein, kommt leicht das Gefühl auf, dass die gesamte Immobilie zu klein ist. Also: raus mit Schuhschränken & Co. Ein kleiner Ablagetisch mit schönem Spiegel oder eine kleine Bank mit Garderobenhaken darüber reichen vollkommen.

Reinigen Sie den gesamten Bereich, inklusive der Türen, Türklinken, Heizung, Garderobe, Schränken und das Treppengeländer.

Beachten Sie hier besonders den Fußboden. Falls dieser extrem verschlissen ist, erneuern Sie diesen.

Ein Läufer oder mehrere kleine Teppiche wecken Interesse und „führen" in die Immobilie.

Achten Sie darauf, dass die Wände hell und freundlich sind. Streichen Sie, wenn notwendig, über gemusterte Tapeten und dunkle Farben. Vergessen Sie nicht: NIEMAND will in einer dunklen Höhle leben!

Achten Sie auf ausreichende Beleuchtung und maximales natürliches Licht. Wechseln Sie kaputte Glühbirnen und tauschen Sie diese gegen die höchst zugelassene Wattzahl aus.

Dekorieren Sie etwas Interessantes und Schönes im Eingangsbereich: zum Beispiel ein großer Spiegel, ein Bild, eine Bodenvase, eine schöne Pflanze etc.

Stellen Sie sicher, dass gut gelüftet ist und es gut riecht.

Stellen Sie sicher, dass die Temperatur angenehm ist. Ein kalter Eingangsbereich lässt schnell auf ein veraltetes Heizsystem oder unzureichende Isolierung schließen.

Schaffen Sie eine tolle Grundstimmung für die Besichtigung indem Sie den Eingangsbereich eher wie eine Kunstgalerie gestalten und nicht wie einen Nutzraum. Das ist einfach, wenn sie mehrere kleinere Bilder nebeneinander hängen. Es dürfen auch die gleichen sein – nur bitte keine Familienfotos! Die lenken den Käufer nur unnötig ab und er soll sich ja nicht Ihre Familie sondern die Immobilie ansehen!

TINAS TIPP

Eingangsbereich und Haustür vergleiche ich gerne mit den Schaufenstern einer Boutique. Ist es attraktiv gestaltet, betrete ich das Geschäft, mein Interesse wurde geweckt. Die Bedeutung des Eingangsbereiches für die Kaufentscheidung wird oft unterschätzt.

IRIS TIPP

Hat Ihr Eingangsbereich nicht viel natürliches Licht? Dann achten Sie bei Besichtigungen darauf, dass die abgehenden Türen offen sind. So wird natürliches Licht maximiert und der Kaufinteressent tritt nicht „in eine dunkle Höhle".

ZUSAMMENGEFASST: HOME STAGING SCHAFFT DAS FÜR MICH!

Der Eingangsbereich bestimmt, ob der Käufer neugierig auf mehr ist oder ob er innerlich gleich am Anfang eine abwehrende Haltung zur Immobilie bekommt.

WIEBKES TIPP

In Ihrem Flur gibt es noch eine dunkle Tapete? Sie würden etwas streichen, aber wollen nicht alles herausräumen? Dann streichen Sie doch nur einen breiten Streifen in Weiß. Stellen Sie eine Bodenvase aus Glas, mit einigen dekorativen Ästen davor und richten Sie eine Lichtquelle auf das Arrangement. Sie werden sehen: der gesamte Flur wirkt viel moderner.

IRIS TIPP

Günstige kleine Teppiche oder Läufer ersetzen eine Fußmatte und sorgen dafür, dass eventueller Straßenschmutz nicht in alle Räume getragen wird.

VORHER

NACHHER

DAS WOHNZIMMER

Das Wohnzimmer ist eines der wichtigsten Zimmer für den Verkauf, denn es ist ein Raum in dem die zukünftigen Besitzer viel Zeit verbringen werden. Es ist ein Ort in dem viel Platz für die ganze Familie gewünscht wird. Gleichzeitig bestimmt das Wohnzimmer maßgebend die Stilrichtung der gesamten Immobilie. Es zeigt einen möglichen Lebensstil, ein „wie kann in dieser Immobilie gelebt werden". Deshalb muss ein erfolgreich gestagtes Wohnzimmer drei Dinge erfüllen: das Gefühl von viel Platz, von Komfort und von Behaglichkeit für die Familie verbreiten, gleichzeitig aber repräsentativ genug sein, um einen wünschenswerten Lebensstil zu zeigen.

Obendrein ist das Wohnzimmer meistens der Ort, an dem die Besichtigung der „eigentlichen Wohnräume" beginnt und oft auch wieder endet. Hier werden häufig mit dem Kaufinteressenten Verhandlungen geführt oder zumindest grundsätzliche Eindrücke vermittelt. Damit betreten die Kaufinteressenten das Wohnzimmer mindestens zweimal und halten sich eine vergleichsweise lange Zeit darin auf.

DAS IST ZU TUN FÜR EIN PERFEKT GESTAGETES WOHNZIMMER

Platz ist die oberste Devise: Beginnen Sie, indem Sie den Raum als Ganzes wahrnehmen. Dazu stellen Sie sich in den Türrahmen. Wie sieht der Käufer den Raum? Schaut er auf den Rücken von Möbelstücken? Wandert das Auge auf einen eventuellen Kamin oder schönen Ausblick? Lenken zu viele Dinge, wie z. B. zu viele Möbel, persönliche Dinge wie Zeitschriften, Bücher, Fotos, Dekorationsartikel oder auch zu viele Farben von der Größe des Raumes ab?

Wie viele Funktionen hat der Raum? Sind hier Sitz-, Fernseh-, Arbeits-, Spiel- und Essecke auf einmal untergebracht? Zu viele Funktionen lassen einen Raum nicht nur wesentlich kleiner erscheinen, sondern geben auch den Eindruck, dass das Haus insgesamt zu klein ist. Beschränken Sie sich auf maximal drei, besser sogar nur zwei Funktionen wie z. B. Wohn- und Essbereich. Räumen Sie alle Dinge (ja, auch die Möbel!) die nicht zu diesen Funktionen gehören raus.

Entscheiden Sie welchen Stil Sie schaffen wollen. In welcher Wohngegend befindet sich Ihre Immobilie? Wer wird Interesse haben hier zu wohnen? Wer ist Ihre sogenannte Käuferzielgruppe? Tipp: Dabei kann Ihnen ein Makler helfen.

Haben Sie Möbel die zu dieser Käufergruppe passen? Gibt es Möbel die gar nicht in Frage kommen, sich aber aus persönlichen, sentimentalen Gründen in der Immobilie befinden? Entfernen Sie diese Stücke komplett. Sie verwirren den Käufer nur und geben das unbewusste Gefühl von „hier stimmt etwas nicht".

Passen Ihre Möbel zur Größe des Raumes? Zögern Sie nicht weitere Möbelstücke zu entfernen. Eventuell lassen sich diese in einem anderen Raum nutzen.

Blockieren Sie niemals Türen, Fenster oder Zugänge wie Terrassen- oder Balkontüren. Diese müssen direkt und ohne um etwas herumzugehen zugänglich sein. Auch schon beim ersten Blick in den Raum! Stellen Sie sicher, dass sich alle Türen und Fenster öffnen lassen, ohne gegen etwas zu stoßen.

Betonen Sie besondere architektonische Punkte wie z. B. einen Kamin, eine Verbindungstür, Stuckelemente oder besondere Einbauten der Immobilie. Diese werden mit der Immobilie verkauft und machen sie zu einem einzigartigen Objekt.

Balancieren Sie die Möbel im Raum aus. Auf keinen Fall sollte alles nur auf einer Seite stehen. Käufer mögen Symmetrie.

Arrangieren Sie die Möbel immer ein paar Zentimeter von der Wand entfernt. Das gibt dem Raum „Luft zum Atmen" und optimiert das Raumgefühl.

Entfernen Sie alle fleckigen oder sichtlich abgenutzten Gegenstände. Ist Ihr Sofa schon etwas in die Jahre gekommen oder haben die Kinder Spuren hinterlassen? Kann es eventuell mit einem Dampfreiniger gereinigt oder mit neuen Bezügen aufgefrischt werden?

Reinigen Sie die Fensterbekleidung. Waschen Sie die Gardinen und wechseln Sie alte, verblichene und schmutzige Rollos oder Jalousien aus.

Stellen Sie sicher, dass der Boden im Wohnzimmer sauber und in guter Verfassung ist. Wenn notwendig, erneuern Sie diesen. Sie denken: „Das ist ja verrückt?" Das ist es absolut nicht, denn ein schmuddeliger Bodenbelag bewirkt den Eindruck einer schmuddeligen Immobilie. Ein gepflegter Bodenbelag dagegen den eines rundum gepflegten Zuhauses. Sie denken: „Und was ist, wenn der Käufer dann einen anderen Bodenbelag will?" Dann kann er ihn auswechseln. Das wichtigste für Sie ist aber, dass er mittlerweile zum Käufer geworden ist und das wäre er ohne diese Investition eventuell sonst nicht.

Räumen Sie alle persönlichen Fotos und eventuelle Trophäen, Pokale, Urkunden und Auszeichnungen weg oder nehmen diese von der Wand.

Räumen Sie alle nicht notwendigen Dinge wie Zeitschriften, Stricksachen, Urlaubsmitbringsel und Hobbyartikel weg. Aber die machen doch den Charme meines Zuhauses aus? Machen sie nicht, denn Sie verkaufen nicht ihre Vorlieben sondern Räume und diese Dinge lenken den Käufer vom eigentlichen Raum ab.

Farblich abgestimmte Accessoires, Kissen und Decken sind wunderbare Mittel ein Möbelstück aufzuwerten und Stil- und Farbakzente zu setzen.

Schaffen Sie zusätzliche Stimmung durch sogenannte Lichtoasen, indem Sie verschiedene Lampen aufstellen, zum Beispiel zwei Bodenleuchten links und rechts vom Sofa und eine Leselampe neben einem schönem Sessel oder um einen besonderen Ausblick zu betonen.

Stellen Sie sicher, dass ein eventueller Kamin sauber ist und einige saubere Holzscheite ordentlich aufgeschichtet darin liegen.

Bedenken Sie bei allen Dingen immer, dass alle Veränderungen zum Stil, Preis und der Käuferzielgruppe passen sollten. Benutzen oder lassen Sie keine Dinge im Wohnzimmer die eventuell die ganze Immobilie abwerten.

ZUSAMMENGEFASST: HOME STAGING SCHAFFT DAS FÜR MICH!

Die Kombination aus Platz, Stil und Behaglichkeit machen Ihr Wohnzimmer zum Traumwohnzimmer für Käufer.

WIEBKES TIPP

Tauschen Sie alte, dunkle oder gemusterte Gardinen gegen einfache weiße aus. Es gibt sie fertig genäht für wenig Geld – aber sie bringen eine tolle frische Stimmung, die sich bezahlt machen wird!

VORHER

NACHHER

KÜCHE

Die Küche ist das sogenannte „Herz" des Hauses. Sie ist häufig der wichtigste „soziale Treffpunkt" einer Familie. Hier wird gemeinsam gegessen, der Tag geplant, Hausaufgaben gemacht, wichtige Themen besprochen, Pausen gemacht, informelle Besucher empfangen und so weiter. Häufig befinden sich auch Fernseher oder Computer in der Küche. Küchen sind für einen Hauskauf enorm wichtig.

DAS IST ZU ZU TUN FÜR EINE PERFEKT GESTAGETE KÜCHE

Küchen müssen einladend und funktional sein.

Vor allem müssen sie aber sauber sein – „klinisch-sauber"! Deshalb müssen alle Oberflächen, Schränke, Griffe, Türen, Böden, die Spüle, der Kühlschrank etc. gründlich gereinigt werden.

Die Arbeitsflächen sollten möglichst frei sein. Nur drei bis fünf Dinge, die täglich mehrmals benutzt werden, dürfen bleiben.

Alles, was hinter Glastüren zu sehen ist, muss schön, farbkoordiniert und aufgeräumt sein.

Falls Wasserhähne oder Spüle sehr abgenutzt oder verkalkt sind, lohnt es sich, diese zu ersetzen.

In jeder Küche sollte zumindest ein Essplatz für zwei Personen sein. Wenn der Platz es zulässt, kreieren Sie einen Essplatz – auch wenn er noch so klein ist. Oft reichen z. B. ein kleiner Tresentisch oder zwei Stühle vor einer erweiterten Fensterbank. Ein Essplatz macht jede Küche für Käufer gefühlt nützlicher und das steigert den Preis!

Räumen Sie besonders vor dem Fenster auf. Eventuelle Fensterdekorationen oder Fensterbekleidung, wie Gardinen oder Rollos, sollten kein natürliches Licht blockieren.

Stellen Sie sicher, dass sich die Tür komplett öffnen lässt.

Lagern Sie Dinge wie Spüllappen, -schwämme, -mittel etc. außer Sichtweite.

Dekorieren Sie farblich koordiniert mit schönen Objekten, z. B. einer Obstschale mit frischem Obst, Blumen, neuen Geschirrhandtüchern und Kräutern.

ZUSAMMENGEFASST: HOME STAGING SCHAFFT DAS FÜR MICH!

Das Zauberwort bei Küchen ist Sauberkeit. Eine blitzblanke Küche schafft Vertrauen in den Rest der Immobilie.

IRIS TIPP

Lieber eine ältere Küche als gar keine. Häufig kommen „Überraschungen" wie fehlende Böden oder unverputzte Wände ans Licht, wenn eine Küche rausgerissen wird. Eine noch nutzbare Küche ist für eine Familie, die ihre bisherige Küche eventuell mitverkauft hat, auf jeden Fall wertvoller als keine.

Ist die Küche schon ein wenig älter, versuchen Sie diese mit einem farbenfrohen großen Bild zu dekorieren. Das bringt Frische in die Küche.

TINAS TIPP

Handelt es sich um eine Markenküche, deren Fronten lediglich „aus der Mode" gekommen sind, lohnt sich eventuell ein Austausch derselben. Informieren Sie sich bei entsprechenden Anbietern, z. B. www.portas.de.

IRIS TIPP

Lassen Sie die alten Türen einfach neu lackieren und montieren Sie neue moderne Griffe. Ein toller Tipp ist auch, die Arbeitsplatte durch Fliesen zu ersetzen.

TINAS TIPP

Mit einem gedeckten Tisch – gerne auch nur angedeutet – bleibt Ihr Objekt mit Sicherheit in bester Erinnerung: „Das war doch das Haus mit dem schön gedeckten Tisch, da wäre ich am liebsten sitzen geblieben". Logisch, dass der Tisch bereits auf den Fotos gedeckt sein sollte.

VORHER

NACHHER

BÄDER

Ein neues Badezimmer einzubauen ist teuer, bedeutet viel Arbeit und Dreck und oft sogar, dass die Wohnung oder das Haus einige Zeit unbewohnbar ist. Ein Badezimmer kann eine mögliche Kaufentscheidung eines Interessenten verändern: positiv oder auch negativ. Deshalb ist das Badezimmer eines der sogenannten „Schlüsselzimmer", also ein wichtiger Entscheidungsträger für den Verkauf.

Die gute Nachricht ist, dass es nicht teuer ist ein Bad im besten Licht zu präsentieren. Käufer suchen nach einem modernen, funktionalen Bad, das vor allem sauber ist. Immer häufiger wünschen sie sich auch, dass es nicht nur „nützlich" ist, sondern auch ein wenig Wellnessgefühl verspricht.

DAS IST ZU TUN FÜR EIN PERFEKT GESTAGETES BADEZIMMER

Räumen Sie auf! Raus aus dem Bad mit Dingen wie Putzmittel, Wischmopp, Wäscheständer & Co. Wenn alles, was nicht direkt zum Wohlfühlen beiträgt verschwindet, wächst der Platz und auch das Wellnessgefühl.

Entpersonalisieren Sie! Das heisst, räumen Sie alle persönlichen Hygiene- und Pflegeprodukte wie Zahn- und Haarbürsten, Cremes, Kosmetik, Shampoo und Duschgels außer Sichtweite. Nichts lässt ein Bad „benutzter" erscheinen als diese persönlichen Dinge. Am besten funktioniert es, in dem jedes Familienmitglied während der Verkaufsphase seinen eigenen Behälter hat (wie z. B. eine Plastikbox, ein Schuhkarton oder ähnliches). Der kann dann bei Bedarf einfach aus dem geschlossenen Schrank geholt werden.

Putzen Sie! Warum? Fast jeder Käufer hätte am liebsten ein nagelneues, noch nie benutztes Bad. Das gibt es aber bei gebrauchten Immobilien nicht. Das Zweitbeste ist ein Bad, das so sauber ist, dass sich jede Person bei der Besichtigung direkt vorstellen kann, dieses Bad in dem Moment zu benutzen. Dazu muss es vor allem richtig sauber sein. Und zwar extrem sauber! Das beinhaltet: Wände, Fliesen, Lampen, Fensterbänke, Heizungen. Schrubben Sie Kalk von Armaturen und einen eventuellen Rand in der Toilette. Bringen Sie Spiegel und Fenster zum Strahlen. Lohnt sich das wirklich? Aber sicher! Und zwar gleich zweimal: 1. Weil ein Käufer dann nicht mehr das Gefühl hat „hier alles rausreißen zu müssen" und das verhindert direkte Diskussionen über den Kaufpreis. 2. Lässt Ihr Einsatz nicht nur Ihr Bad strahlen, sondern dieser Gesamteindruck überträgt sich auf Ihre gesamte Immobilie!

Wie sehen die Silikonfugen aus? Schon leicht schmuddelig oder sogar mit Spuren von Schimmel? Dann erneuern Sie diese – ganz besonders in der Dusche.

Überprüfen Sie die Abflusssiebe und den Siphon. Sind diese schmuddelig oder gar leicht angerostet? Dann tauschen Sie sie aus.

Wechseln Sie den Duschvorhang, die Toilettenbürste und den Toilettendeckel aus. Alles sollte in neutralem Weiss sein. Diese Investitionen lassen Ihr Bad erstrahlen, hygienisch und sauber erscheinen. Das zahlt sich aus!

Sollte es diese geben, demontieren Sie alle Halterungen die sich für ältere Menschen oder Behinderte an Toiletten, Badewannen und Duschbereichen befinden. Diese sind ohne Zweifel nützlich, lassen aber im Bad das Gefühl von Krankheit entstehen. Da entsteht bei Käufern leicht der Wunsch nach einer Komplettrenovierung – und dieser Wunsch zeigt sich im Angebotspreis.

Gibt es einen schon älteren, vielleicht leicht vergilbten Spiegelschrank? Dann weg damit. Ja, sie sind praktisch aber, zumindest wenn schon älteren Datums, auch sehr unmodern. Bringen Sie statt dessen einfach einen rahmenlosen Spiegel an. Die kosten unter 20 Euro.

Eine weitere günstige Modernisierung erreichen Sie durch neue moderne Handtuchhalter, Toilettenpapierhalter und eventuell eine neue Ablage unter dem Spiegel.

Hängen Sie brandneue, flauschige, farbkoordinierte Handtücher auf und legen Sie dazu passende Badteppiche aus, die – Achtung! – bis nach dem Verkauf nie benutzt werden und nur zu Besichtigungen im Bad sind!

Schaffen Sie nun ein wenig Luxus bzw. das beschriebene Wellnessgefühl, indem Sie einige schöne Kerzen im Badewannenbereich verteilen, eine Pflanze wie eine Orchidee aufstellen und eventuell angenehme Musik mit einer I-Pod Docking Station spielen. Gibt es Platz für einen schönen Stuhl oder sogar einen kleinen Sessel, zum Beispiel aus Rattan? Dann stellen Sie ihn auf. Schon entsteht eine Wohlfühloase!

WIEBKES TIPP

Eine Holzablage über der Badewanne, mit einigen Kerzen, schafft eine tolle Wohlfühl-Atmosphäre. Außerdem wirken weiße Badewannen dann nicht mehr so steril.

ZUSAMMENGEFASST: HOME STAGING SCHAFFT DAS FÜR MICH!

Es muss nicht immer ein neues Bad sein. Sauberkeit und ein paar Luxusprodukte im Bad schaffen Wohlfühl-Atmospähre im ganzen Haus und beeinflussen positiv den Verkauf!

IRIS TIPP

Sollte eine Armatur stark verkalkt oder sogar angerostet sein, erhöht ein neuer, nicht unbedingt teurer, Wasserhahn den gefühlten Wert des Badezimmers. Dieses ist eine vergleichsweise kleine Investition.

VORHER

NACHHER

VORHER

NACHHER

SCHLAFZIMMER

Für Sie als Noch-Besitzer ist „Ihr" Schlafzimmer der intimste Raum im Haus. Selbst gute Freunde oder Familienmitglieder kommen selten hierher. Fast immer ist es der Raum, der am meisten auf unsere eigenen Bedürfnisse zugeschnitten ist.

Da wir aber wissen, dass es enorm wichtig ist, dass sich ein Käufer instinktiv und sofort mit diesem, „seinem" Zimmer identifizieren sollte, muss in der Verkaufsphase dieser sehr private Raum zu einem öffentlichen Raum werden.

DAS IST ZU TUN FÜR EIN OPTIMAL GESTAGETES SCHLAFZIMMER

DIE ELTERNSCHLAFZIMMER

Das Schlafzimmer sollte während der Verkaufsphase nur eine einzige Funktion haben: die eines Schlafzimmers.

Räumen Sie alle Möbel und Gegenstände, die nicht notwendigerweise in ein Schlafzimmer gehören, weg, z. B. Computer, Fernseher, Spielzeug, Fitnessgeräte, Bügelbrett, Wäscheständer, Umzugsboxen, Stühle etc.

Räumen Sie eventuelle Trophäen, Pokale, Urkunden und Auszeichnungen weg oder nehmen diese von der Wand.

Räumen Sie alle persönlichen Dinge wie Pflegeprodukte, Medikamente, Stofftiere, Urlaubsmitbringsel, persönliche Erinnerungen und Fotos weg. Sie geben dem Käufer das Gefühl „einzudringen" – und das verhindert den Verkauf.

Das Bett sollte visuell den Hauptpunkt im Zimmer bilden.

Stellen Sie zwei kleine Beistelltische mit zwei Nachttischlampen links und rechts vom Bett auf und platzieren Sie das Bett so, dass es von beiden Seiten zugänglich ist.

Dekorieren Sie das Bett mit einer farblich abgestimmten Tagesdecke und ein paar schönen Kissen. Die Tagesdecke nimmt das Gefühl von persönlicher Bettwäsche und die Kissen geben das Gefühl von Luxus. Achten Sie darauf, dass diese aus schönem Material bestehen. Sollten Sie hier eventuell einige neue Dinge beschaffen müssen, denken Sie daran, dass Sie diese auch mit in Ihr neues Zuhause nehmen könnten.

Dekorieren Sie die Nachttische, außer der Lampe, mit nur wenigen Dingen wie einer Kerze, einer kleinen Vase oder einem Buch.

Räumen Sie Dinge die auf dem Kleiderschrank liegen weg. Es sollte nichts darauf liegen.

Falls der Kleiderschrank ein Einbauschrank ist der mitverkauft wird, darf dieser Teil nur zu 60% gefüllt und muss ordentlich aufgeräumt sein. Dies gilt ganz besonders auch für Kleiderschränke mit Glastür!

Haben Sie Platzmangel? Dann räumen Sie die Kleidung, die gerade keine „Saison" hat, in einen anderen Raum oder lagern Sie diese ein.

Wenn genügend Platz vorhanden ist, kreieren Sie eine Sitzecke. Es reicht z. B. ein kleiner Sessel. Dies gibt dem Zimmer ein Gefühl von Luxus und einen Rückzugsort.

Beschränken Sie sich auf neutrale Farben. Denken Sie daran, dass das Schlafzimmer zum Entspannen sein sollten. Starke Farben sind persönliche Vorlieben und verhindern, dass sich der Käufer mit dem Zimmer identifiziert.

Verwenden Sie als Wanddekoration nur neutrale Bilder. Entfernen Sie alle Dinge mit sexuellen, religiösen oder politischen Motiven. Denken Sie daran, dass Sie niemanden durch Ihre Wanddekoration beleidigen oder verschrecken wollen.

Stellen Sie sicher, dass das Schlafzimmer gut gelüftet ist und frisch riecht.

Räumen Sie alle Schmutzwäsche und eventuell benutzte Sportkleidung und Schuhe aus dem Schlafzimmer.

Achtung: Da immer mehr Menschen allergisch reagieren, ist das Schlafzimmer ein Ort, an dem Sie große Sträuße mit frischen Blumen meiden sollten (einzelne Blumen sind erlaubt).

IRIS TIPP

Geben Sie Ihrem Elternschlafzimmer das Gefühl eines luxuriösen Hotelschlafzimmers. Sehen Sie sich Dekozeitschriften an. Alle geben Ihnen fantastische Beispiele, wie Sie Ihr Schlafzimmer in ein „Traumschlafzimmer" für Käufer verwandeln.

ZUSAMMENGEFASST: HOME STAGING SCHAFFT DAS FÜR MICH!

Geben Sie dem Käufer was er sich wünscht! Bei Schlafzimmern ist das ein Ort, der Ruhe und Entspannung ausstrahlt, einladend ist und ein wenig das Gefühl von Luxus vermittelt.

WIEBKES TIPP

Ein Betthaupt macht den Unterschied zwischen einfachem Bett und Luxus. Besorgen Sie sich ein paar Styrodurplatten aus dem Baumarkt und bespannen Sie diese mit einem schönen Stoff. Das Paneel wird einfach hinten auf die Matratze gestellt.

IRIS TIPP

Gemusterte Bettwäsche macht Fotos für die Vermarktung im Internet unnötig unruhig. Auch wirkt Bettwäsche, wenn sie nicht perfekt gebügelt und frisch ist, immer „benutzt". Sie verhindert bei vielen Käufern das Gefühl, sich selbst sofort in diesem Bett bzw. Zimmer vorstellen zu können. Hier sind Tagesdecken Ihre Lösung. So können Sie getrost während der Verkaufsphase in Ihrer Lieblingsbettwäsche weiterschlafen.

VORHER

NACHHER

DIE KINDERZIMMER

Je nach persönlicher Situation der Käufer gibt es mehr oder weniger Bedarf für Kinderzimmer und eventuell wird ein Kinderzimmer vom Käufer in ein Gäste-, Hobby- oder Arbeitszimmer umfunktioniert. Deshalb ist es notwendig, dass das volle Potential eines Kinderzimmers sichtbar ist.

DAS IST ZU TUN FÜR EIN PERFEKT GESTAGETES KINDERZIMMER

Räumen Sie auf und aus. Lagern Sie alles in Schränken oder kinderfreundlichen Behältern. Es sollten am Ende keine oder nur noch einige wenige Spielsachen offen sichtbar sein.

Kaufen Sie für alle Kinderzimmer farblich koordinierte Tagesdecken und Kissen.

Stellen Sie sicher, dass der Raum sauber und gut gelüftet ist.

Stellen Sie sicher, dass so viel natürliches Licht wie möglich in das Zimmer kommt. Wechseln Sie eventuell die Fensterbekleidung.

Falls Teenager den Raum bewohnen, stellen Sie sicher, dass dieser ordentlich, sauber, hell (offene Gardinen oder Rollos!) und rauchfrei (ohne benutzten Aschenbecher!) ist.

Säubern Sie, wenn notwendig, befleckte Teppiche, z. B. mit einem speziellen Teppichreiniger und streichen Sie schmutzig wirkende Wände.

Entfernen Sie Poster, andere aussagekräftige Wandbehänge (Flaggen etc.) und persönliche Fotos.

Räumen Sie Dinge wie Medikamente, Pflegeprodukte weg.

Räumen Sie Dinge wie Mineralwasserflaschen, Gläser, Teller und Essensprodukte weg.

WIEBKES TIPP

Wie beim Elternschlafzimmer kann auch im Kinderzimmer eine Styrodurplatte als Betthaupt oder Rückwand eingesetzt werden. Aber jetzt bespannen Sie diese mit einem bunten Stoff, wenn das Zimmer zu trist ist und mit einem ruhigen, wenn die Zimmerwände schon zu farbig sind. Greifen Sie das Farbschema der gesamten Immobilie auf und nähen Sie gleich noch ein paar einfache Kissenbezüge. Oder Sie bespannen ganz einfach einen leeren Bildrahmen mit Stoff und schon haben Sie ein günstiges Bild passend zum Farbschema.

IRIS TIPP

Ihr Kind hat zu viele Spielsachen um sie alle in den Schränken unterzubringen? Bitten Sie Ihre Kinder um Hilfe und teilen Sie alles in drei Kategorien auf:

1. Ist mir sehr wichtig und bleibt während der Verkaufsphase im Zimmer.
2. Möchte ich behalten, kann aber ein paar Wochen eingelagert werden.
3. Das spende ich Kindern die nichts haben und denen ich helfen möchte.

Wichtig: Jede Kategorie muss am Ende die gleiche Menge enthalten. So bleibt nur noch ein Drittel im Zimmer. Das schafft das Gefühl von Platz und das Aufräumen ist viel leichter und schneller erledigt. Meine Erfahrung: Kinder helfen gerne anderen Kindern.

VORHER

NACHHER

VORHER

NACHHER

WEITERE TIPPS ZU SCHLAFZIMMERN

Wie entscheiden Sie, wenn Sie nur ein oder zwei Schlafzimmer haben und nicht wissen, welches als das Elternschlafzimmer gezeigt werden sollte?

Dann wählen Sie das Zimmer mit dem schönsten Ausblick, dem meisten Platz oder dem größten Einbauschrank.

Sie haben keine große Anzahl an Schlafzimmern?

Dann stagen Sie ein Elternschlafzimmer und das zweite Zimmer als Einzelschlafzimmer mit einem Schreibtisch. So sieht es der Kaufinteressent sowohl als mögliches Kinder-/Jugendzimmer oder als Arbeits-/Gästezimmer.

Sie haben 3 oder mehr Schlafzimmer?

Haben Sie drei Schlafzimmer, dann zeigen Sie ein Eltern- und zwei Kinderzimmer. Haben Sie vier Schlafzimmer, dann zeigen Sie das vierte – sofern es dafür groß genug ist – als Gästezimmer mit einem Doppelbett. Sollte der Raum dafür jedoch nicht groß genug sein, dann lässt er sich auch als Gästezimmer mit einem Sofabett und einem Schreibtisch präsentieren.

WEITERE ZIMMER ODER DAS „BÜGELZIMMER"

Fast jedes Haus hat ein sogenanntes „Bügelzimmer". Es ist der Raum der keine klare Funktion hat. Er fungiert momentan vielleicht als Hobby-, Fitness-, Abstell- oder eben als Bügelzimmer. Während der Verkaufsphase bedeutet ein so präsentierter Raum „bares Geld" liegen zu lassen, denn Käufer erinnern sich an Zimmer ohne Funktion oder Bügelzimmer entweder gar nicht oder wenn, dann nur als „Abstellraum". Diese erhöhen in den Augen der Käufer aber nicht wesentlich den gefühlten Wert.

DAS IST ZU TUN FÜR EIN PERFEKT GESTAGETES „BÜGELZIMMER"

Geben Sie jedem Zimmer eine Funktion. Die beste Funktion ist ein neutrales Gästezimmer mit Schreibtisch. So erlebt es der Käufer als potenzielles Kinderzimmer, Gästezimmer oder als mögliches Büro. Eben ganz wie er, dieser spezielle Käufer, ein weiteres Zimmer gut gebrauchen könnte.

Ist der Raum dafür nicht groß genug? Dann zeigen Sie es als Babyzimmer. Eventuell wird ein Kaufinteressentenpaar sehr dankbar für das zusätzliche Zimmer sein.

Als gefühlt „sehr wertvoll", also verkaufsfördernd, werden auch reine Arbeits- oder Computerzimmer wahrgenommen.

Oder: wie wäre es mit einem Spielzimmer oder Hobbyraum, wie z. B. ein Malzimmer?

Handelt es sich wirklich um ein Abstellzimmer? Dann räumen Sie dieses immer komplett leer. Selbst leere Abstellräume wirken verkaufsfördernder als solche, die vollgestellt sind mit Ihrem Hab und Gut. So bekommen Kaufinteressenten den Eindruck, dass die Immobilie nicht genug Platz für sie hat.

ZUSAMMENGEFASST: HOME STAGING SCHAFFT DAS FÜR MICH!

Die goldene Regel ist: Jedes Zimmer muss während der Verkaufsphase eine klare Funktion haben, sonst „verschenken" Sie Geld!

IRIS TIPP

Erscheint Ihnen das Zimmer zu klein für ein Gästezimmer? Probieren Sie es aus. Sie werden erstaunt sein, wie oft außer dem Bett noch Platz für einen kleinen Schreibtisch bleibt. Die meisten Gäste kommen nur für eine kurze Zeit und brauchen keinen Kleiderschrank.

VORHER

NACHHER

VORHER

NACHHER
HOME

6 BEI DEN EXPERTEN NACHGEFRAGT

Natürlich verkaufen sich Immobilien auch ohne Home Staging. Aber: Mit Home Staging verkaufen sie sich besser. Das behaupten nicht nur wir, sondern auch andere Akteure aus der Immobilienbranche bestätigen den Mehrwert, der durch eine professionelle Präsentation entsteht.

DER IMMOBILIENMAKLER

Gerdt Menne ist Immobilienmakler und seit über 20 Jahren mit seinem Unternehmen „Gerdt Menne Immobilien e.K." in Bochum selbstständig. Er spricht mit Wiebke Rieck über seine Erfahrungen mit Home Staging.

Wiebke Rieck (WR): *Herr Menne, woher kennen Sie Home Staging? Wie haben Sie es kennengelernt?*

Gerdt Menne (GM): Von Home Staging habe ich das erste Mal vor ca. vier Jahren in einer Zeitung gelesen und fand das ganze Thema, was dort im Detail beschrieben wurde, sehr spannend. Nachdem mir dann eine Verwandte aus Amerika über die praktische Vorgehensweise von Home Staging direkt berichten konnte, da sie es als Verkäuferin eines Hauses selber erlebte hatte, war meine Neugierde weiter geschürt, so dass ich alles aufgenommen habe, was damit in Verbindung stand.

WR: Wie lange arbeiten Sie schon damit?

GM: Ich bin seit 21 Jahren ausschließlich im Verkauf von gebrauchten Immobilien tätig. Daher gehörte es schon immer zu meinen Aufgaben, Immobilien von der Schokoladenseite zu präsentieren. Das heißt, Verkäufer haben schon immer Tipps für den besseren Verkauf von mir bekommen; nur was wir heute unter Home Staging verstehen, ist dann doch etwas vollkommen anderes. Professionelles Home Staging setzen wir jetzt seit ca. zwei Jahren sehr erfolgreich ein.

WR: *Warum lassen Sie Ihre Immobilien stagen?*

GM: Weil ich nichts kenne, das die Kaufentscheidung eines Interessenten auch nur annähernd so positiv beeinflußt.

WR: *Wie sind Ihre Erfahrungen?*

GM: Ich denke, für die Immobilien, die nicht schon von vorne herein perfekt sind, ist es eine revolutionäre Unterstützung im Verkauf. Es löst bei allen Beteiligten nur Begeisterung aus. Für den Verkäufer, der erkennt, dass seine Immobilie besser präsentiert wird, für den Interessenten, der etwas „Schönes" zu sehen bekommt und nicht zuletzt für mich, da ich durch Home Staging sensationelle Vermarktungszeiten verbuchen kann.

WR: Funktioniert es bei bewohnten und unbewohnten Immobilien gleich gut?

GM: In dem Moment, in dem die „heilenden Hände" des professionellen Home Stagers ins Spiel kommen, spielt die Ausgangssituation der Immobilie keine Rolle mehr. Nach meiner Erfahrung sind die positiven Wirkungen selbst bei minimal „invasiven Eingriffen" phänomenal.

WR: Funktioniert es bei allen Immobilien?

GM: Die einzige Einschränkung sehe ich nur bei vermieteten Immobilien.

WR: Ist es die Arbeit und die finanzielle Investition wert? Macht es wirklich einen Unterschied?

GM: Macht es Sinn, sich die Haare zu waschen, wenn ich zu einem Rendezvous gehen möchte? Kann ich mir Geld fürs Shampoo sparen? Spare ich mir Geld für die Waschstrasse, wenn ich mein Auto verkaufen will? In allen Lebensbereichen investiere ich ganz selbstverständlich, um ein besseres Ergebnis bei meinem jeweiligen Vorhaben zu erzielen. Beim Immobilienverkauf war das bis jetzt nie nötig. Nur was für andere Bereiche normal und sinnvoll ist, trifft auf den Immobilienverkauf erst recht zu – es geht um sehr viel!

WR: Was sagen Ihre Kunden?

GM: Da dieses Thema vollkommen neu ist, ist es erst einmal für den Kunden auch völlig abwegig. Wenn man dann aber etwas ausführlicher drüber spricht, ist es genauso einleuchtend und wird auch als sinnvoll angesehen und umgesetzt.

WR: Sind die Käufer nicht misstrauisch, wenn z. B. eine unbewohnte Immobilie nun auf einmal möbliert ist?

GM: Ist jemand misstrauisch, wenn ein Rendzvous-Partner mit frisch gewaschenen Haaren zum Date kommt? Man merkt doch dadurch erst, dass dem anderen der Termin wichtig ist und er sich Mühe für mich gemacht hat.

WR: Hat sich schon einmal ein Käufer beschwert, dass Sie versuchen ihm durch Home Staging „Sand in die Augen zu streuen" (bzw. eine Schwachstelle der Immobilie zu verstecken)?

GM: Das Verstecken von Schwachstellen ist Betrug und somit tabu und hat mit Home Staging nichts zu tun. Ich mache die Erfahrung, dass gerade auch die Interessenten den Sinn des Home Stagings erkennen, da sie es ja direkt erleben und dadurch auch nicht auf die Idee kommen, betrogen zu werden.

WR: Herr Menne, wir danken Ihnen für das Gespräch.

DER VISUAL MERCHANDISING EXPERTE

Joseph Johnson ist seit vielen Jahren weltweit erfolgreich für verschiedenste namhafte Marken- und Lifestyle-Firmen (u.a. Donna Karan, Burberry, Esprit) im Bereich Visual Merchandising tätig. Aus seiner Heimat Amerika kennt er Home Staging schon lange. Es ist nichts anderes als Visual Merchandising für Immobilien. Mittlerweile setzt er seine umfangreichen Kenntnisse auch bei der Vermarktung von Wohn- und Gewerbeimmobilien ein.

Joseph Johnson erzählt Tina Humburg warum Home Staging für ihn die logische Weiterentwicklung zur Ladengestaltung ist und was Ladendesign und Home Staging gemeinsam haben.

***Tina Humburg (TH):** Sie haben für viele namhafte Kunden gearbeitet. Was haben Verkaufsstätten wie die Donna Karan-Boutique mit Immobilien, die zum Verkauf stehen, gemeinsam?*

Joseph Johnson (JJ): Nun ja, bei Immobilien ist das Produkt gleichzeitig der „Point of Sale" – das ist speziell. Aber die Maßnahmen, die in der Boutique die Konsumenten ansprechen, tun das auch in einer Immobilie. Das sind vor allem die Emotionen. Jeder Laden muss Gefühle wecken und er muss das Kopfkino aktivieren – Immobilien sollten das auch tun, wenn sie schnell einen Käufer finden wollen.

***TH:** Was haben Geschäfte, in denen Menschen gern einkaufen?*

JJ: Ganz klar eine Wohlfühl-Atmosphäre. Es hängt vom Einsatz der Sinneswelten ab, was der Kunde kauft und ob er es mit Freude oder Frust kauft. Neben der optischen Ansprache sind Haptik und Geruch wichtig.

***TH:** Kann man das 1:1 auf Immobilien übertragen?*

JJ: Unbedingt. Jede unserer Entscheidung wird zu 80% emotional getroffen. Der Verstand liefert erst im Nachhinein eine passende Rechtfertigung. Das gilt in besonderem Maße für die Entscheidung für ein neues Zuhause.

***TH:** Was schadet denn aus Ihrer Sicht der Einkaufsatmosphäre bei Immobilien?*

JJ: Alles, was die Sinne negativ stimuliert, z. B. schlechte Gerüche, Unordnung, Unübersichtlichkeit, die falsche Temperatur genauso wie mangelnde Beleuchtung. Alles, was wir als Konsumenten in Kaufhäusern schätzen, schätzen wir auch in Immobilien.

TH: Gelten für Frauen und Männer die gleichen Kriterien?

JJ: Natürlich nicht. Frauen haben ihre eigene Aura – Männer auch. Es gibt allerdings gewisse Basics bezüglich der Ansprache, die unabhängig vom Geschlecht wirken.

TH: Wie sieht dann die Ansprache im Falle des Produktes Immobilie aus?

JJ: Da bekannt ist, dass beim Immobilienkauf häufig die Frauen entscheiden, ist das sehr einfach: Die Chancen liegen eindeutig bei der femininеren Ansprache. Das heißt aber nicht, dass die Gestaltung „männerfeindlich" aussieht. Nur eben weniger Baumarkt- und mehr Kaufhaus-Atmosphäre.

TH: Welche wissenschaftlichen Erkenntnisse der Kundenforschung halten Sie für die wichtigsten?

JJ: Der Bereich Neuromarketing ist sowohl für Ladendesigner als auch für Home Stager besonders spannend, weil er wertvolle Hinweise für eine gezielt multisensorische Kundenansprache gibt.

TH: Können Sie ganz konkret, anhand einzelner Arbeitschritte verdeutlichen, wo Sie Parallelen sehen zwischen Visual Merchandising und Home Staging?

JJ: In beiden Fällen ist es das Ziel, mit den jeweiligen Maßnahmen beim Kunden das Nacheinander von Attraction, Interest, Desire und Action (sog. AIDA-Formel) zu erreichen. Aufmerksamkeit erregen Geschäfte, oder Immobilien, zum Beispiel, wenn deren Fassade und Eingang positiv auffallen. Geputzte Fenster, frische Bepflanzung oder der ordentlich gestrichene Gartenzaun etc. sind in diesem Zusammenhang nicht unwichtig. Weiteres Interesse weckt man beim Eintreten mit einem angenehmen Geruch und guter Beleuchtung. Wer in der sogenannten Check-in-Zone allerdings zu viel auf einmal platziert, stiftet beim Kunden nur Verwirrung. Deshalb sollte in Wohnimmobilien dort ebenfalls nichts herumstehen oder -liegen (Stichwort: Garderobe). Kaufbegehren lösen gemütliche Sitzecken und die passende Musik aus, nicht zu unterschätzen sind außerdem Elemente wie Sauberkeit, Klarheit, freie Blickachsen, einheitliche Farbsprache und die richtige Temperatur.

TH: Und wie beeinflussen Sie letztlich die Kaufentscheidungen?

JJ: Action, also die Kaufentscheidung, geht vor allem einher mit gut geschultem und serviceorientiertem Personal. Die Bedeutung des Verkaufsgesprächs (z. B. richtige Fragetechnik) wird meiner Erfahrung nach beim Immobilienverkauf von privaten Verkäufern häufig unterschätzt. Home Staging kann mit einem positiven Umfeld aber generell die Entschlussfreudigkeit erhöhen, weil ein Kaufinteressent, der sich gut fühlt, nachweislich aktiver und schneller zu einer Entscheidung kommt.

TH: Vielen Dank für das Gespräch.

DIE VERTRIEBSSPEZIALISTIN

Antje Reich, Vertriebsleiterin beim ImmobilienScout24 im Gespräch mit Tina Humburg über das Nachfrager-Verhalten bei der Immobiliensuche.

Tina Humburg (TH): *Wie groß ist denn der Anteil derer, die über Internetportale ihre Immobiliensuche beginnen?*

Antje Reich (AR): Wir wissen laut einer repräsentativen Studie (Mindline Umziehertracking 2011), dass jeder zweite Umzugswillige das Internet für die Immobiliensuche nutzt, für 35% ist es der am stärksten genutzte Suchkanal. 85% der Online-Nutzer suchen bei ImmobilienScout24. Rund jeder dritte Umziehende hat über das Internet sein neues Zuhause gefunden.

TH: *Wie wichtig sind Fotos? Noch vor wenigen Jahren war das völlig unüblich.*

AR: Fotos sind neben den Kerndaten Preis, Zimmeranzahl und Fläche die wichtigsten Informationen im Immobilienexposé. 95% geben an, dass sie Fotos auf der Detailseite brauchen, um entscheiden zu können, ob sie eine Immobilie besichtigen wollen. Über 80% der Suchenden schauen sich Online-Exposés ohne entsprechendes Bildmaterial gar nicht erst an.

Dabei sind die Fotos der Wohnräume am wichtigsten, gefolgt von Grundrissen, Fotos der Badezimmer, der Küche und der Aussenfassade.

Aber nicht nur das Vorhandensein von Fotos ist relevant, auch die Qualität der Aufnahmen ist enorm wichtig. Hier darf sich der Fotograf gern etwas Mühe geben, um die Räume repräsentativ erscheinen zu lassen. Das Thema Home Staging ist hier sicher eine sinnvolle Unterstützung.

TH: *Es gibt trotzdem noch Angebote, die auf Fotos völlig verzichten. Wie gehen Kaufinteressenten damit um?*

AR: Das ist stark objektabhängig. Generell gilt: Je mehr Fotos zu einem Objekt eingestellt wurden, desto häufiger werden die Anbieter dieser Objekte kontaktiert. Allerdings haben echte Schnäppchen-Angebote manchmal gar keine Fotos, da die Anbieter wissen, dass diese Immobilien sehr schnell vermarktet werden. Wenn das Preis-Leistungs-Verhältnis stimmt, kann die Nachfrage trotzdem hoch sein.

TH: Worauf achten Kaufinteressenten Ihrer Erfahrung nach noch?

AR: Wir stellen immer mehr fest, dass Kaufinteressenten viele Informationen zur Immobilie wünschen, bevor sie mit dem Anbieter in Kontakt treten. Die wichtigsten Kriterien sind: Informationen zu Objektmerkmalen (z. B. Balkon, Keller, Garten). Angaben zu Nebenkosten / Heizkosten. Angaben zur Ausstattung (z. B. Bodenbelag, Küchenausstattung, Badausstattung). Und ganz wichtig: Die Lage und das Wohnumfeld der Immobilie müssen passen! Dazu zählen vor allem die Verkehrsanbindung sowie die Infrastruktur, wie z. B. Einkaufsmöglichkeiten, Ärzte, Kindergärten und Schulen sowie die Nähe zum Arbeitsplatz.

TH: Lohnt es sich, Videos der Immobilie einzustellen? Haben Angebote mit Video z. B. höhere Klickzahlen?

AR: Videos spielen vor allen Dingen im Bereich der hochwertigen Kaufobjekte eine wichtige Rolle, da der Suchende eine bessere Vorstellung von den Räumlichkeiten und Größenverhältnissen der Immobilie erhält. Die Verbreitung ist allerdings noch nicht mit der Bildeinstellung vergleichbar, da der Aufwand für ein gut gemachtes Video größer ist, als ein paar Fotos einzustellen. Daher lässt sich auch schwer messen, welchen Einfluss Videos auf die Klickraten der Exposés haben.
Durch Umfragen und Nutzerstudien werden wir das Thema Video weiterhin erforschen und unsere Website an die Anforderungen der User anpassen.

TH: Vielen Dank für das Gespräch.

7 DAS SERVICE-KAPITEL

DIE CHECKLISTEN

1. SCHNELLTIPPS: 10 DINGE DIE SIE JETZT TUN KÖNNEN UM NOCH HEUTE IHRE VERKAUFSMÖGLICHKEITEN ZU STEIGERN

1. Entrümpeln Sie. Und zwar in allen Räumen im Haus! Leeren Sie die Papierkörbe im Büro, Badezimmer, Kinderzimmer, in der Küche und Garage. Bringen Sie Altpapier und Altglas zum Kontainer und Pfandgut zurück. Das ist schnell gemacht und sofort hat Ihr Haus an Platz gewonnen und obendrein riecht es auch gleich ein bisschen frischer!

2. Räumen Sie auf und aus! Dieses ist eines der allerwichtigsten Dinge die Sie erledigen können um Ihre Verkaufschancen zu steigern. Aufräumen tun Sie sowieso? Gut, aber dieses Mal räumen Sie alle nicht absolut notwendigen Dinge in Schränke oder am besten gleich in Umzugskartons (da wird das Ausziehen umso leichter). Beginnen Sie mit einem Raum. Seien sie gnadenlos. Verschenken, spenden oder werfen Sie weg. Am Ende sollte nichts mehr auf Schränken oder unter Betten etc. herumstehen. Erleben Sie wie Ihr Haus wächst. Es wird Ihnen (und den Käufern) riesig erscheinen!

3. Putzen Sie! Zugegeben, für die meisten keine angenehme, aber hier eine extrem notwendige Arbeit. Machen Sie sich Ihre Lieblingsmusik an und gehen Sie wieder Zimmer für Zimmer vor. Machen Sie einen altmodischen Frühjahrsputz. Waschen Sie Fensterbänke, Heizungen, Wände, Türen, Schalter ab. Das ganze Haus, besonders Bad, Küche und Fenster sollen glänzen. Ich verspreche Ihnen, Ihr Haus wird sich hinterher „wohlfühl-sauber" und supergepflegt anfühlen. Und das merkt (und liebt) jeder potenzielle Käufer!

4. Lassen Sie Licht ins Haus! Schnell gemacht und so effektiv! Ziehen Sie alle Rollläden, Rollos und Gardinen auf. Dies ist vor jeder Besichtigung absolute Pflicht! Entfernen Sie unnötige „doppelte" oder Netzgardinen. Sie werden staunen wie hell Ihr Haus wird.

5. Licht an! Wieder etwas schnell und leicht gemachtes, und obendrein extrem effektiv: Schalten Sie vor jeder Besichtigung alle Lampen im Haus an. Auch im Sommer! Auch am Tag! Egal zu welcher Tageszeit! Die Lampen akzentuieren, kreieren Atmosphäre und maximieren Licht und Platz in jedem Haus! Versuchen Sie es. Sie werden erstaunt von der Wirkung sein.

6. Entpersonalisieren Sie Ihr Haus! Was das bedeutet? Packen Sie alle Dinge weg, die potentielle Käufer persönlich betreffen könnten, wie z. B. zu viele persönliche Fotos, eventuelle Nacktaufnahmen oder -bilder, religiöse Abbildungen oder Statuen, Jagdgeweihe, Waffen, tote Tiere oder Urnen etc. Diese Dinge erschweren dem Kaufinteressenten die Vorstellung in diesem Haus zu leben. Er beschäftigt sich zu sehr mit dem Gedanken was für eine Person Sie, der Verkäufer, denn wohl ist, wenn er sich doch ganz auf das Potential Ihrer Immobilie konzentrieren soll.

7. Reparieren Sie kleine Dinge, wie z. B. quietschende oder nicht schließende Türen. Das gibt den Eindruck, dass alles im Haus funktioniert und Sie es immer topp gepflegt haben.

8. Machen Sie einen unvergesslichen ersten Eindruck! Mähen Sie den Rasen, werfen Sie tote Pflanzen weg, reinigen Sie die Wege zu Ihrem Haus, stellen Sie ein bis zwei Töpfe mit blühenden Pflanzen am Eingang auf und kaufen Sie eine neue Fußmatte! Alle diese Dinge wirken einladend und machen den Käufer richtig neugierig auf das, was noch kommt.

9. Entpersonalisieren Sie Ihr Badezimmer. Packen Sie alle Ihre persönlichen Hygieneartikel wie Haar- und Zahnbürsten, Gels und Cremes außer Sicht. Keiner will sehen mit was Sie sich pflegen und Ihr Bad wird sofort viel neuer und neutraler erscheinen und der Käufer kann sich viel leichter vorstellen, dass dieses Badezimmer mal seines wird.

10. Schaffen Sie den Wohlfühlfaktor! Heißen Sie den Käufer willkommen indem Sie frische Blumen und frisches Obst aufstellen, vielleicht frisch gekochten Kaffee fertig haben oder einen Teller mit Kuchen oder Keksen bereitstellen. Diese Dinge zeigen dem Käufer wie wunderbar es sich in Ihrem Haus lebt. Es wird Ihr Haus unwiderstehlich machen! Und damit sind Sie dem Verkauf zum Wunschpreis ein riesiges Stück näher gekommen!

Wenn das Haus schon unbewohnt ist gelten alle die oben genannten Punkte in gleichem Maße. Sollte es schon leer geräumt sein, ist es von absolutem Nutzen es strategisch wieder ein wenig zu möblieren. Dazu mehr in Kapitel 2, 3, 4 und 5.

2. CHECKLISTE
FÜR BEWOHNTE IMMOBILIEN: VOR JEDER BESICHTIGUNG

Sie haben Ihre Immobilie zum Glänzen gebracht und ins absolut beste Licht gerückt. Nun kommt es darauf an, dass bei der Besichtigung alles optimal gezeigt wird. Nach all der Arbeit wäre es jetzt verschenkte Mühe diese letzten Handgriffe nicht zu tun.

DAS IST ZU TUN FÜR DIE OPTIMALE BESICHTIGUNG

IN JEDEM RAUM:

- [ ] Legen Sie letzte Hand an. Saugen Sie, wischen Sie die Böden und polieren Sie alle glänzenden Oberflächen.
- [ ] Lüften Sie! Lüften Sie Ihre gesamte Immobilie, aber schließen Sie, je nach Wetterlage, die Fenster 10 Minuten vor der Besichtigung. Sie wollen nicht den Eindruck geben, es gäbe etwas zu überdecken.
- [ ] Rauchen Sie während der Verkaufsphase nicht im Haus.
- [ ] Leeren Sie alle Aschenbecher aus und räumen Sie diese außer Sichtweite.
- [ ] Machen Sie alle Lampen im Haus an.
- [ ] Wechseln Sie alle Niedrigwatt-Glühbirnen gegen Glühbirnen mit der höchst zugelassenen Wattzahl aus.
- [ ] Öffnen Sie alle Gardinen und Rollläden – und zwar ganz!
- [ ] Bringen Sie Ihre Haustiere zu ihren Freunden. Räumen Sie alle zu Ihren Lieblingen gehörigen Dinge wie Betten, Wasser-, Futternapf und Spielzeug weg.
- [ ] Stellen Sie sicher, dass sich alle Türen leicht und geräuschlos öffnen lassen und gegen nichts stoßen.
- [ ] Stellen Sie sicher, dass sich bei der Besichtigung keine Stolperfallen im Besichtigungsfluss befinden.

IM WOHNZIMMER:

- [ ] Räumen Sie allen herumliegenden persönlichen Kleinkram wie Post, Zeitungen und Zeitschriften, Bücher, Schokoladen etc. weg.
- [ ] Räumen Sie alle persönlichen Fotos weg.
- [ ] Räumen Sie eventuelle Trophäen, Pokale, Urkunden und Auszeichnungen weg oder nehmen diese von der Wand.
- [ ] Wenn Sie einen Kamin haben: fegen Sie diesen sauber und stapeln Sie einige frische Holzscheiten ordentlich auf.
- [ ] Rücken Sie alle Möbel wie Beistelltische, Sessel und Hocker in die optimale Position.
- [ ] Rücken Sie noch einmal alle Kissen, Dekoartikel in die richtige Position.
- [ ] Verteilen Sie frische Blumen.
- [ ] Öffnen Sie je nach Wetter ihre Terrassentüren.

ESSBEREICH IM WOHNZIMMER/ESSZIMMER:

- [ ] Räumen Sie den Esstisch komplett leer und wischen Sie diesen sauber ab.

- [ ] Falls dieser ausziehbar ist, verkleinern Sie ihn auf die kleinste oder zumindest eine kleinere Position.

- [ ] Entfernen Sie überflüssige Stühle am Esstisch. Vier bis sechs Stühle reichen.

- [ ] Schieben Sie die Stühle bis auf eine Handbreite an den Tisch heran.

- [ ] Dekorieren Sie den Tisch mit einem Dekorationsobjekt wie einer großen Vase mit frischen Blumen, einer großen Obstschale mit frischem Obst oder zwei sauberen Kerzenständern mit neuen Kerzen darin.

- [ ] Falls weitere Möbelstücke wie Sideboards oder Vitrinen im Essbereich sind, darf nichts auf diesen stehen. Sie müssen sauber gereinigt und bei Glastüren nur maximal 60% gefüllt sein.

IM FLUR ODER EINGANGSBEREICH:

- [ ] Räumen Sie bis auf maximal zwei bis drei Mäntel oder Jacken die Garderobe leer.
- [ ] Räumen Sie alle herumstehenden Schuhe weg.
- [ ] Räumen Sie herumliegende Dinge wie z.B. die Post weg.
- [ ] Sorgen Sie dafür, dass die Fußmatte sauber ist. Kaufen Sie gegebenenfalls eine neue und heißen Sie Ihre potentiellen Käufer auf dieser „Willkommen".

IN DER KÜCHE:

- [ ] Räumen Sie die Arbeitsflächen leer und wischen Sie diese sauber.
- [ ] Bringen Sie den Müll raus.
- [ ] Kochen Sie nicht kurz vor Besichtigungen. Mindestens zwei Stunden vor allen Besichtigungen sollten Essensreste weggeräumt sein.
- [ ] Räumen Sie benutztes Geschirr in den Geschirrspüler oder waschen Sie ab. Schließen Sie den Geschirrspüler.
- [ ] Wischen Sie die Spüle sauber, und polieren Sie diese mit einem Tuch nach.
- [ ] Wischen Sie den Herd sauber.
- [ ] Räumen Sie alle persönlichen Dinge weg, z. B. Tabletten etc.
- [ ] Entpersonalisieren Sie Ihren Kühlschrank: entfernen Sie alle Stundenpläne, Fotos, Notizen, Postkarten etc. vom Kühlschrank.
- [ ] Stellen Sie eine Schale mit frischen Äpfeln und eine weitere Schale mit Zitronen oder Orangen in die Küche.
- [ ] Kochen Sie frischen Kaffee.

IM BAD UND DEM GÄSTE WC:

- [ ] Lassen Sie die Wasserhähne, Duschköpfe und Spiegel erstrahlen. Polieren Sie diese mit einem trockenen Tuch nach.
- [ ] Wischen Sie die Waschbecken trocken.
- [ ] Wischen Sie die Toilette sauber.
- [ ] **Schließen Sie den Toilettendeckel!**
- [ ] Räumen Sie alle persönlichen Dinge wie Make-up, Haarbürsten, benutzte Seifen oder Zeitschriften weg.
- [ ] Wechseln Sie die Handtücher und Badteppiche in Ihre „Besichtigungshandtücher und -teppiche" aus.
- [ ] Stellen Sie eine schöne Duftkerze und/oder eine Flasche mit luxuriösen Badesalzen oder -ölen auf.

IN DEN KINDERZIMMERN:

- [ ] Räumen Sie diese auf, so dass möglichst wenig herum liegt, sondern in Containern oder Boxen verstaut ist.
- [ ] Nehmen Sie Poster sowie Fotos ab und entfernen Sie Aufkleber.
- [ ] Reduzieren Sie Spielzeug auf das Notwendigste und lagern weiteres ein.
- [ ] Räumen Sie Kleidung und Schuhe weg.
- [ ] Räumen Sie persönliche Dinge wie Medikamente, Make-up und Pflegeprodukte weg.
- [ ] Räumen Sie herumliegende Dinge wie Essensreste, Süßigkeiten, Getränkeflaschen etc. weg.
- [ ] Räumen Sie die Ablagefläche des Schreibtisches auf.
- [ ] Legen Sie eine farbkoordinierte Tagesdecke auf das Bett und dekorieren Sie dieses mit zwei bis vier Kissen.
- [ ] Stellen Sie einen kleinen Beistelltisch mit einer Nachttischlampe auf.
- [ ] Bei Teenagern: Stellen Sie sicher, dass sich keine benutzten Aschenbecher im Zimmer befinden.

IN DEN SCHLAFZIMMERN:

- [ ] Räumen Sie alle persönlichen Dinge wie Post, Bücher, Zeitungen und Zeitschriften, Kleidungsstücke, (Haus-)Schuhe, Make-up, Pflegeprodukte wie Cremes, Medikamente, Stofftiere, Erinnerungen etc. weg.

- [ ] Räumen Sie eventuelle Trophäen, Pokale, Urkunden und Auszeichnungen weg oder nehmen diese von der Wand.

- [ ] Entfernen Sie alle schmutzige Wäsche aus dem Raum.

- [ ] Legen Sie eine schöne, farbkoordinierte Tagesdecke auf das Bett und dekorieren Sie es mit zwei bis vier neuen passenden Kissen.

- [ ] Stellen Sie 2 kleine Beistelltische mit 2 Nachttischlampen links und rechts vom Bett auf und platzieren Sie das Bett so, dass es von beiden Seiten zugänglich ist.

- [ ] Räumen Sie alle weiteren unnötigen Möbel und Gegenstände, wie eventuelle Computer, Fernseher, Spielzeug, Fitnessgeräte, Bügelbrett, Umzugsboxen, Stühle etc. aus dem Zimmer.

- [ ] Räumen Sie den Kleiderschrank von oben leer. Es sollte nichts darauf liegen.

- [ ] Falls der Inhalt des Kleiderschranks sichtbar ist, darf dieser Teil nur 60% gefüllt sein und muss ordentlich aufgeräumt und Kleidungsstücke ordentlich aufgestapelt sein.

- [ ] Falls der Kleiderschrank ein Einbauschrank ist der mitverkauft wird, darf dieser Teil auch nur 60% gefüllt und muss aufgeräumt sein und alle Kleidungsstücke müssen ordentlich aufgehängt oder -gestapelt sein.

IM ARBEITSZIMMER / DER BÜROBEREICH:

- ☐ Räumen Sie alle persönlichen Dinge wie Post, Zeitungen und Zeitschriften, Hausaufgaben, Kontoauszüge und sonstige Papiere etc. weg.
- ☐ Räumen Sie den Schreibtisch so auf, dass außer dem Computer/Laptop, dem Drucker, einer Arbeitslampe und einer ordentlichen Ablagebox dieser völlig leer ist.
- ☐ Räumen Sie alle Regale und Ablagefächer leer, so dass außer einigen wenigen farbkoordinierten Ordnern und Büchern diese maximal 60% gefüllt bzw. leer sind.
- ☐ Räumen Sie alle persönlichen Fotos weg oder nehmen diese von der Wand.
- ☐ Räumen Sie eventuelle Trophäen, Pokale, Urkunden und Auszeichnungen weg oder nehmen diese von der Wand.
- ☐ Nehmen Sie Poster und Kalender von der Wand.
- ☐ Räumen Sie alle weiteren unnötigen Möbel und Gegenstände, wie eventuelle weitere Computer, Drucker, Spielzeuge oder Fitnessgeräte etc. aus dem Zimmer, für maximales Platzgefühl.

IM „EXTRAZIMMER"/GÄSTEZIMMER (oder „Bügelzimmer"):

- [ ] Räumen Sie alle persönlichen Fotos weg oder nehmen diese von der Wand.

- [ ] Räumen Sie allen herumliegenden persönlichen Kleinkram wie z. B. Post, Zeitungen und Zeitschriften, Bügelwäsche, Stofftiere, Urlaubserinnerungen weg.

- [ ] Räumen Sie eventuelle Trophäen, Pokale, Urkunden und Auszeichnungen weg oder nehmen diese von der Wand.

- [ ] Nehmen Sie Poster und Kalender von der Wand.

- [ ] Wenn ein Bett vorhanden ist, legen Sie eine schöne, farbkoordinierte Tagesdecke auf das Gästebett und dekorieren Sie es mit zwei bis vier neuen passenden Kissen.

- [ ] Wenn es ein Bettsofa gibt, klappen Sie dieses ein, legen Sie zwei farbkoordinierte Kissen darauf und platzieren Sie es so im Raum, dass es offensichtlich leicht geöffnet werden kann.

- [ ] Wenn der Platz vorhanden ist, stellen Sie zwei kleine Beistelltische mit zwei Nachttischlampen links und rechts vom Bett bzw. Bettsofa auf und platzieren Sie das Bett so, dass es von beiden Seiten zugänglich ist.

- [ ] Räumen Sie alle weiteren unnötigen Möbel und Gegenstände, wie eventuelle weitere Computer, Drucker, Spielzeuge oder Fitnessgeräte, Bügelbrett, Umzugsboxen, Stühle etc. aus dem Zimmer, für maximales Platzgefühl.

IM AUSSENBEREICH:

- [ ] Mähen Sie den Rasen.

- [ ] Fegen Sie die Terrasse und die Wege zur Haustür.

- [ ] Reinigen Sie die Haustür, wischen Sie den Briefkasten ab und stellen Sie sicher, dass die Klingel funktioniert.

- [ ] Stellen Sie sicher, dass die Hausnummer leicht und deutlich zu erkennen ist und reinigen Sie diese!

- [ ] Wischen Sie die Gartenmöbel mit einem feuchten Tuch ab.

- [ ] Parken Sie Ihr Auto nicht auf der eigenen Auffahrt und auch nicht vor dem Haus. Sorgen Sie dafür, dass es Ihre potentiellen Käufer leicht haben zu parken und sich gleich willkommen fühlen.

- [ ] Sorgen Sie dafür, dass die Garage aufgeräumt ist, keine unnötigen Berge von Altpapier und Altglas oder Müll herumstehen.

- [ ] Stellen Sie die Mülltonnen so, dass sie nicht das erste sind, was die Käufer zu sehen bekommen.

KELLER, DACHBODEN, ABSTELLRÄUME & GARAGE:

- [ ] Dieser Bereich sollte möglichst aufgeräumt und sauber gefegt sein. Je mehr Platz sichtbar ist, je mehr Platzgefühl wird der potentielle Käufer haben! Dies ist die Gelegenheit endlich gründlich zu entrümpeln und zu entsorgen, was schon lange weg sollte oder vielleicht gespendet werden kann.

GUT ZU WISSEN:

DEN RICHTIGEN HOME STAGER FINDEN

Warum einen Profi nehmen? Kann ich Home Staging in meiner eigenen Immobilie nicht selber umsetzen? Ja, das können Sie. Home Staging ist „keine Raumfahrttechnik" und viele Dinge können von Ihnen eigenständig umgesetzt werden. Die größte Herausforderung besteht darin, genügend Abstand zu entwickeln um das eigene Zuhause mit kritischen Käuferaugen zu sehen. Das ist erfahrungsgemäß extrem schwierig. Seien Sie brutal ehrlich mit sich selbst, folgen Sie allen in diesem Buch beschriebenen Tipps, beäugen Sie kritisch die gesamte Immobilie: Raum für Raum.

Gute Gründe einen Home Staging Profi zu buchen: Qualifizierte Home Stager haben nicht nur den professionellen Blick für das was Ihre Immobilie so richtig gut in Szene setzt, sondern wissen vor allem welche Dinge wirklich effektiv für den Verkaufserfolg sind. Ein qualifizierter Home Stager verwendet nicht einen einzigen Euro für etwas was dem Verkauf nicht nützlich ist! Er benutzt Ihre Immobilie nicht als kreative Spielwiese sondern arbeitet 100% nutzenorientiert. Der Verkauf ist das Ziel! Nicht schön dekorierte Räume.

Wie erkennen Sie also „den richtigen" Home Stager? Und was können Sie von einem professionellen Home Stager erwarten? An der Qualifizierung, Aus- und Weiterbildung sowie der Praxiserfahrung.

Da Home Staging in Deutschland eine relativ neue Tätigkeit ist, gibt es noch keine anerkannten Richtlinien. Um hier die Spreu vom Weizen zu trennen empfehlen wir Ihnen ausschließlich Home Staging Profis der DGHR, denn alle Mitglieder des Berufsverbandes haben sowohl theoretische als auch praktische Kenntnisse nachgewiesen und verpflichten sich einem strikten Ehrenkodex. Sie finden DGHR Home Staging Profis unter: www.dghr-info.de/anbieter_finden

SPEZIAL-TIPP WIEBKE

Auch wenn Sie sich entscheiden Home Staging eigenständig durchzuführen, kann es Ihnen Arbeit und Zeit sparen sowie bares Geld bringen einen Home Staging Profi für eine Beratung zu buchen. So stellen Sie sicher, dass nur verkaufsfördernde Dinge umgesetzt werden – und das spart Geld!

GUT ZU WISSEN:

HOME STAGING ALS BERUF?

IRIS HOUGHTON BEANTWORTET FRAGEN

„Ich finde das Thema spannend und es würde mir Spaß machen, selbst als Home Stager zu arbeiten. Was ist wichtig um erfolgreich zu sein? Welche Voraussetzungen muss ich mitbringen?"

Dieses sind uns in letzter Zeit häufig gestellte Fragen. Wir freuen uns über das Interesse an unserem spannenden Beruf. Home Staging ist sehr abwechslungsreich und hat mit vielen verschiedenen Menschen und Berufen zu tun. Wir verändern viel in kurzer Zeit und müssen nicht monatelang auf Ergebnisse warten. Obendrein machen wir viele Menschen glücklich, denn wir helfen Ihnen schnell zu ihrem Ziel zu kommen. Insgesamt also meiner Meinung nach ein Traumberuf!

Was muss ein erfolgreicher Home Stager können?

Ein erfolgreicher Home Stager muss gut organisiert sein, sich gut vermitteln können und ein Gefühl für Ästhetik haben. Er sollte Einfühlungsvermögen haben, gerne mit anderen Menschen zusammen arbeiten, Interesse an Immobilien und dem Immobilienmarkt, einen Sinn für Kosten und Zahlen und jede Menge Leidenschaft besitzen. Außerdem muss er gerne eigenständig ein Projekt vorantreiben und verantwortlich führen wollen. Alle diese Dinge dienen unserem Kunden. Und der vertraut uns schließlich sein Zuhause und sein Geld an.

Muss ein Home Stager kreativ sein?

Mit Sicherheit hilft Kreativität. Gestalterische kreative Fähigkeiten sind nützlich, wie auch kreative Lösungen zu Problemen zu finden. Diese Fähigkeiten helfen bei der Umsetzung.

Wie und wo kann ich Home Staging als Beruf erlernen?

Wir empfehlen die Seminare des Berufsverbandes, der DGHR. (www.dghr-info.de/ausbildung/ausbildung.php) Die einzelnen Bausteine bieten einen kompletten Weg vom ersten theoretischen Wissen, über Praktikum zum ersten begleiteten Auftrag und Projekt durch einen Mentor. Die Mitgliedschaft im Berufsverband vermittelt ein Qualitätssiegel, bietet die Möglichkeit sich unter anderen Home Staging Profis auszutauschen. Der Titel des DGHR Advanced Professionals garantiert dem Kunden, dass er einen Home Stager mit geprüften theoretischen und praktischen Kenntnissen engagiert.

GUT ZU WISSEN:

MEHR LESEN & ONLINE FINDEN!

Viele Informationen zum Thema finden Sie auf der website des deutschen Berufsverbandes für Home Staging, der Deutschen Gesellschaft für Home Staging und Redesign unter:

www.dghr-info.de

www.immobilien-in-bestform.de

www.facebook.com/dghr.homestaging

Links zu Presse- und TV Berichten zum Thema unter:

www.dghr-info.de/presse/presse.php

ZUM WEITERLESEN:

1. Franz Lauterbach: So werden Immobilien verkauft. Der Insider Report
2. Herbert Kriechbaumer: „Psychologie der Immobilienvermarktung"
3. Dr. Hans-Georg Häusel: „Brain View – warum Kunden kaufen"
4. Barb Schwarz: Home Staging – The winning way to sell your home for more money (Englische Ausgabe)
5. Iris Houghton und Wiebke Rieck: „Wohlfühlfaktor Farbe – Ein Praxishandbuch für die Gestaltung in Ihrem Zuhause"

ONLINE FINDEN:

DGHR® e.V.

Makler die mit qualifizierten Home Stagern zusammen arbeiten:

www.dghr-info.de/makler_finden/makler_finden.php

Der deutsche Berufsverband vermittelt ein Qualitätssiegel, bietet die Möglichkeit sich unter anderen Home Staging Profis auszutauschen. Der Titel des DGHR Advanced Professionals garantiert dem Kunden, dass er einen Home Stager mit geprüften theoretischen und praktischen Kenntnissen engagiert.

KONTAKTDATEN DER AUTORINNEN:

Iris Houghton: iris@haus-staging.de

Tina Humburg: mail@humburg-interiors.de

Wiebke Rieck: wiebke.rieck@homestaging-ruhr.de

DANKE

IRIS HOUGHTON:

Ein ganz herzliches Danke an meinen Coach Ilona Rechter, die mich auf meinem Home Staging Weg seit Jahren begleitet und mir gezeigt hat, dass dieser keine Limits hat, an die Autorin Christiane Blenski, die mit mir die ersten Schritte dieses Buches gegangen ist, an Monika Wendtorff die mit viel Voraussicht schon 2007 als Maklerin mir meine allerersten Kunden vermittelt hat, sowie den Immobilienbesitzern und -profis die an Home Staging und mich geglaubt haben und mir ihre Häuser öffneten. Last, but definitely not least, thanks to John, my husband, soulmate and biggest supporter. Baby, without you this would not have been possible.

TINA HUMBURG:

Ohne Iris Houghton gäbe es dieses Buch nicht: Sie hatte die Idee dazu und hat es auch konzipiert bzw. die erste Fassung komplett alleine geschrieben. Danke Iris dafür, und dass Du mich ins Boot geholt hast! To whom it may concern: Ich schicke Dankbarkeit ins Universum, das uns als Autorinnen – und mehr – hat zusammenfinden lassen. Schön, dass es Euch gibt, Iris und Wiebke! Und schließlich: Danke Richard – für Alles! Aus Platzgründen kann ich hier nicht weiteren Menschen namentlich danken: Ich vertraue darauf, dass alle Betreffenden wissen, wie sehr ich sie als Wegbegleiter schätze.

WIEBKE RIECK:

Mein Dank gilt insbesondere: Meiner Mutter, ohne die ich vielleicht nie von Home Staging gehört hätte, Iris, die mir nicht nur bei den ersten Schritten geholfen hat, meinem Mann Torsten, ohne den ich nicht da wäre, wo ich bin, Frauke und dem Rest der Familie, dem ganzen DGHR Team für das, was sie sind und tun, all meinen tollen Maklern, die den Home Staging Weg mit mir gehen, Dita, die mir Ruhe gibt, dem Ruhrpott mit seinen famosen Menschen, die mich immer wieder bereichern und last but not least: meinem Team, das mich nie im Stich lässt!

Außerdem danken wir unser Verlegerin Britta Blottner für ihre visionäre Kraft, ihren Mut dieses Buch zu realisieren, sowie ihre Unterstützung und unglaubliche Geduld mit drei Erstautorinnen, unseren Interviewpartnern Antje Reich, Gerdt Menne und Joseph Johnson, André Zahedi für die wunderschönen Fotos, Wanja, unserem „Hundemodel" (Seite 76 & 79) sowie allen Immobilienbesitzern und -maklern die durch ihre Erlaubnis die Fotos für dieses Buch möglich gemacht haben.

IMPRESSUM

BIBLIOGRAPHISCHE INFORMATIONEN
DER DEUTSCHEN BIBLIOTHEK

Die Deutsche Bibliothek verzeichnet diese Publikation in der Deutschen Nationalbibliographie; detaillierte bibliographische Daten zu diesem Werk sind im Internet unter http://dnb.ddb.de abrufbar.

LEKTORAT
Britta Blottner

GESTALTUNG & SATZ
Sybille Naderer, naderer communication, Tragwein

DRUCK
Westermann Druck Zwickau GmbH, Zwickau

D-65232 Taunusstein
E-Mail: blottner@blottner.de / URL: www.blottner.de
ISBN 978-3-89367-138-0 / Printed in Germany

TITELBILD
Gerdt Menne

FOTOS
Bilder von Picture People:
Seite: 6, 16, 24, 28, 35, 36, 45, 46, 50, 54, 58, 60, 65, 66, 72, 76, 79, 80, 106, 174, 175, 177, 178, 179, 181, 182, 183, 184, 185

Bilder von Haus Staging by Iris Houghton:
Seite: 12, 13, 23, 30 unten, 33, 34, 49, 56, 61, 69, 70, 71, 75 oben, 78 oben, 83, 93, 102, 103, 104, 105, 113-117, 129 unten, 131, 137, 139, 140, 141 oben, 143 mitte und unten, 149, 154, 157, 158, 159, 160

Bilder von HOMEstaging-RUHR:
Seite: 26, 27, 30 oben, 31, 32, 40, 41, 42, 43, 48, 52, 53, 57, 68 oben, 75 unten, 78 unten, 82, 89 oben, 90, 91, 98, 107 -111, 128, 129 oben, 136, 141 unten, 142, 143 oben, 146, 147, 148, 153, 161, 164, 165

Bilder von Svenja Kohlmeier:
Seite: 44 unten, 68 unten, 89 unten, 134, 152

Bilder von André Zahedi:
Seite: 97, 99, 130, 135, 155

Bilder von Sandra Hauer, Nahdran:
Seite: 118 – 125

Bilder von Humburg Interiors:
Seite: 74, 77

Bilder von Gerdt Menne:
Seite: 84, gelbes Wohnzimmer in Umschlagseiten

© i-Stockfoto: Seite: 5, 8, 15, 86, 94, 100, 126, 132, 138, 144, 150, 162, 166, 173
Goldmund: Seite 10

Weitere Bücher der Autorinnen

Wohlfühlfaktor Farbe

Ein Praxishandbuch für die Gestaltung in Ihrem Zuhause

Wir lieben Farbe! Farben beeinflussen unsere Stimmung. Wir reagieren auf Farben nie neutral. Mit bestimmten Farben fühlen wir uns heiter und voller Energie, mit anderen können wir uns besonders gut entspannen oder fühlen uns einfach nur wohl.

Wie finden Sie also Ihre ganz eigenen Wohn-Wohlfühl-Farben? Wie gestalten Sie Räume mit Farben die ganz individuell zu Ihnen passen? Wir laden Sie ein, mit uns in diesem Buch auf eine Entdeckungsreise zu gehen. Erleben Sie mit unserem „Farbtypen-Test" wie einfach es sein kann, die ganz eigenen Wohlfühl-Farben zu finden und lernen Sie mit den Raumbeispielen diese Schritt für Schritt selber umzusetzen. Hier finden Sie Checklisten die Sie Schritt für Schritt zu Ihrem Wohlfühlraum bringen. Die „richtige" Farbe für das gewünschte Gefühl oder den gewollten Effekt auszusuchen kann jeder lernen. Dieser Praxisratgeber zeigt Ihnen wie!

Von Iris Houghton und Wiebke Rieck
288 Seiten, 360 farbige Bilder.
Format 17 x 24 cm. Fester Einband.
ISBN 978-3-89367-146-5

So wohnt Wiesbaden

Hausbesuche in Hessens Hauptstadt

Wiesbadener öffnen für dieses Buch ihre Wohnungstüren: Was sich dahinter verbirgt, zeigen tolle und aufwendig fotografierte Farbfotos mit viel Liebe zum Detail. Dabei geht es nicht nur um stylisch eingerichtete Refugien die das schöne Wohnen verkörpern. Vielmehr geht es um die wohnliche Vielfalt in der Heimatstadt von Autorin und Fotografin. In den begleitenden Texten beschreiben die Besuchten, was für sie Wohnen und Einrichten bedeutet und was sie unter „Zuhause" verstehen. Sie verraten, was ihr liebstes Möbelstück bzw. ihr Lieblingsraum ist.

Die zahlreichen und sehr sorgfältig ausgewählten Hausbesuche zeigen die bunte Vielfalt der Bewohner Wiesbadens und wie sie, nach ihrem ganz persönlichen Geschmack und Vorlieben, ihre Räume eingerichtet haben.

Ein Buch für alle, die schon immer wissen wollten, wie es hinter Wiesbadenes Fassaden aussieht!

Von Tina Humburg
Fotos von Sandra Hauer
240 Seiten, 328 farbige Bilder.
Format 21,5 x 27 cm. Fester Einband.
ISBN 978-3-89367-144-1

Blottner Verlag • 65232 Taunusstein • www.blottner.de

Bücher für schönes Wohnen

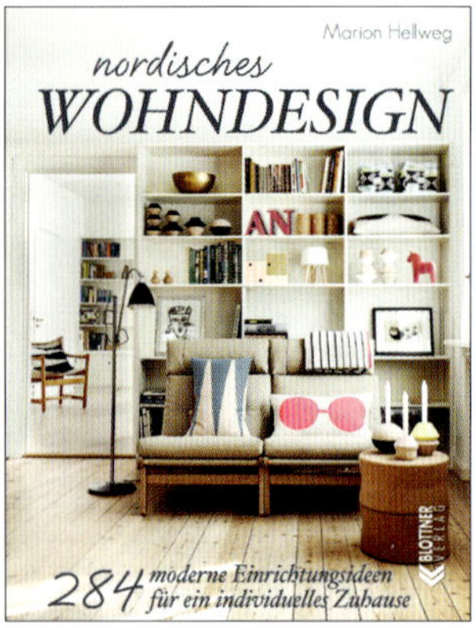

Nordisches Wohndesign
284 moderne Einrichtungs-ideen für ein individuelles Zuhause
ISBN 978-3-89367-145-8
Leger, sympathisch und authentisch – das zeichnet diesen Wohnstil aus.

Stadt Refugien
Einrichtungsideen für urbanes Wohnen
ISBN 978-3-89367-141-0
Dieses außergewöhnliche Buch zeigt individuell gestaltete Stadtquartiere mit tollen Einrichtungsideen.

Kleine Apartments
Maxi-Einrichtungsideen für Mini-Wohnrefugien
ISBN 978-3-89367-131-1
Das Buch zeigt, wie man aus einem Mini- ein Maxi-Refugium machen kann. Mit tollen Bildern.

Wohnen mit Bildern
Wände individuell und stilvoll gestalten
ISBN 978-3-89367-139-7
Ein Buch, das hilft Ihre Wände individuell zu gestalten. Nach dem Motto „Inszenierung ist alles!"

Altbau wird Traumhaus
Stilvolle Modernisierung wertvoller Bausubstanz
ISBN 978-3-89367-142-7
Außen historisches Ambiente – innen Modernität mit high-tech Ausstattung. Renovierte Wohnträume!

So leb' ich
wohne, wie es dir gefällt
ISBN 978-3-89367-121-2
Ein Wohnbuch, das motiviert, den eigenen ganz persönlichen Wohnstil zu finden und zu Hause zu verwirklichen.

Blottner Verlag • 65232 Taunusstein • www.blottner.de